欧盟REACH法规
应对实务

谢书升 主编

化学工业出版社

·北京·

本书对欧盟 REACH 法规和实施情况进行了全面阐述，对企业注册及后续应对进行了针对性说明，对企业注册时的关键环节进行了重点介绍，最后两章介绍了法规对输欧化学品的影响及对策、化学物质应对实例。从欧盟化学品法规体系直至具体的产品应对，本书更多地采用一目了然的图表形式，对广大企业关注的法规是什么、为什么、怎么办等问题进行直观解答，同时从宏观、微观层面简述了法规对输欧化学品的影响及应对，结合具体实例，对拟注册物质和清单内物质的应对进行实战化推演，是一本具有实际操作指引作用的工具书。

《欧盟 REACH 法规应对实务》适合于生产及进出口企业管理人员、技术人员、相关产业行业协会、中介组织成员参考阅读。

图书在版编目（CIP）数据

欧盟 REACH 法规应对实务/谢书升主编. —北京：
化学工业出版社，2019.5
ISBN 978-7-122-34072-6

Ⅰ.①欧… Ⅱ.①谢… Ⅲ.①欧洲联盟-化工产品-
危险物品管理-法规-研究 Ⅳ.①D950.21

中国版本图书馆 CIP 数据核字（2019）第 049111 号

责任编辑：宋林青　　　　　　　　　　文字编辑：刘志茹
责任校对：王素芹　　　　　　　　　　装帧设计：关　飞

出版发行：化学工业出版社（北京市东城区青年湖南街 13 号　邮政编码 100011）
印　　装：中煤（北京）印务有限公司
787mm×1092mm　1/16　印张 9½　字数 202 千字　　2019 年 7 月北京第 1 版第 1 次印刷

购书咨询：010-64518888　　　　　　售后服务：010-64518899
网　　址：http://www.cip.com.cn
凡购买本书，如有缺损质量问题，本社销售中心负责调换。

定　　价：68.00 元

《欧盟 REACH 法规应对实务》 编写组

主编　谢书升

编者　沈　磊　郭运生　白阳森　任海蓬

　　　　翟建平　李彦红　张霄鹏　杨丽波

前言
PREFACE

　　欧盟 REACH 法规（关于化学品注册、评估、授权和限制的法规，以下称法规）英文版共 1152 页，包括 16 个部分和 17 个附件，既有法律条文，又有技术标准，是欧盟对进入其市场的所有化学品进行预防性管理的法规。 法规要求对约 3 万种化学品和 300 万～500 万种下游应用化学品开展注册、检测、评估和市场准入工作，对每个企业的每种化学物质、配制品中的物质、物品中的物质均提出了至少是注册的要求。 实施力度大、涉及范围广、持续时间长、注册费用高是该法规最显著的特点，堪称史上最为庞大、复杂、苛刻的化学品管理法，对我国输欧盟化学品产生了重大影响，对其他行业的影响也正在显现。

　　"没有数据就没有市场"，数据是法规进行管理的核心，注册主要是进行数据的整理和归集，最终形成化学品的安全信息。 注册是合规工作的前提和基础，也是化学品进入欧盟市场的关键。 因此，为做好法规应对工作，核心是如何做好注册。 由于法规一般只认可经济合作与发展组织（OECD）成员国中符合 GLP 实验室规范的实验室出具的数据，我国既非 OECD 成员国，又基本无相关 GLP 实验室，国内能用的数据基本没有，且多数企业没有重视过其产品数据的拥有和使用，只能购买国外实验室或领头注册人数据，注册周期长、数据费用高是我国出口企业注册过程中遇到的主要问题。

　　2018 年 5 月 31 日，是 REACH 法规最后一个注册截止日期，标志着法规持续 10 年的过渡期结束，进入全面实施阶段。 对于欧洲化学品管理局来说，现有物质的注册已经暂时告一段落，今后的工作重点将更多地转移到完整性审核、卷宗更新、卷宗审核、物质评估、ESDS 制作等工作上来。 对于广大企业来说，截止日期之后所有适用该法规的输欧盟化学物质，均需在完成注册及其他可能的要求后，才能获准进入欧盟市场。 完成注册也不是"船到码头车到站"，而仅仅是合规工作的第一步，随着欧盟化学品管理的进一步规范，将对我国已经完成产品注册的企业提出更高的要求。

本书力图以务实、简洁的方式，对法规和实施情况进行全面阐述，对注册及后续应对进行阐释，从欧盟化学品法规体系直至具体的产品应对，更多地采用一目了然的图表形式，对广大企业关注的法规是什么、为什么、怎么办等问题进行直观解答，同时从宏观、微观层面简述了法规对输欧化学品的影响及应对，结合具体应对实例，对拟注册物质和清单内物质的应对进行实战化推演，努力写成一本具有实际操作指引作用的工具书。

在本书编写过程中，中国 REACH 解决中心（杭州瑞旭产品技术有限公司）进行了全程技术咨询和培训，并完成部分章节的编写，一些出口化学品企业也给予了大力配合，使本书得以顺利问世，在这里均表示感谢。

由于编者水平有限，不足和疏漏之处在所难免，敬请读者多多批评指正。

编　者
2018 年 11 月

目录
CONTENTS

5　REACH 法规对输欧化学品的影响及对策　／087

6　化学物质法规应对实例　／093

附录　／108

参考文献　／144

1

法规概述

1.1
欧盟化学品法规体系

1.1.1 体系简介

2005 年以来，随着欧盟 REACH、CLP、BPR、PIC 等化学品法规的颁布和实施，欧盟新的化学品法规体系基本建立，该法规体系基于风险预防的原则，对投入欧盟市场的化学品及其供应链进行全面的风险管理，并延伸至消费产品中的化学品，要求生产企业、供应商和销售商承担更多的义务和责任。详见图 1.1。

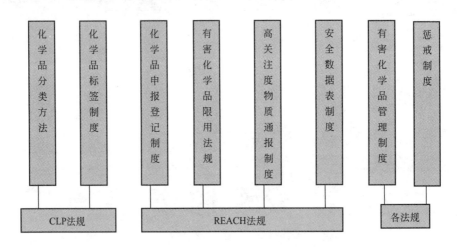

图 1.1　欧盟化学品法规体系的基本构成框架

根据 2003 年《欧盟未来化学品政策战略白皮书》，欧盟新化学品法规将实现三大功能。

（1）获取化学品风险信息

这是化学品管理的基础，这些法规包括：化学品分类方法及化学品申报登记制度等。风险评估是获取风险信息的主要手段，主要基于危害性评估和暴露评估的结果，获取途径包括文献数据、实验测试及定量活性结构关系（QSAR），并与之对应的是化学品分类方法和分类结果。申报登记制度同样是管理机构获取化学品风险信息的主要手段。

（2）通报化学品风险信息

将化学品的法规信息通报给供应链中的下游用户，主要法规包括化学品标签制度和安全数据表制度。标签制度以风险评估的结果为主要依据，标签是面向公众的、有效的化学品危害性信息通报工具。 安全数据表则主要面向专业使用者，提供的信息更加全面专业。

（3）降低化学品使用风险

主要采取法律手段，一般分为三类：全面禁止生产和使用、限制用于特定用途或仅授权用于特定用途以及登记以获取授权生产和使用。 主要法规包括：高关注度物质通报制度和有害化学品限用法规。

1.1.2 CLP 法规

CLP 法规全称是《欧盟物质和混合物的分类、标签和包装法规》，与联合国化学品分类与标签全球协调制度（GHS）一脉相承，同时与欧盟 REACH 法规相辅相成。它是欧盟化学品分类、标签和包装的最终文本，也是欧盟执行联合国化学品分类与标签全球协调制度（GHS）中有关化学品的分类和标签的规定。 该法规于 2008 年发布，2009 年 1 月 20 日正式生效，2010 年 12 月 1 日起实施。

注：本文中所有时间均为当地时间，欧洲化学品管理局（ECHA）时间为赫尔辛基时间。

CLP 法规几乎涵盖了所有的物质和混合物。 该法规规定，需投放到市场上的物质或混合物制造商、进口商或下游用户，必须在其投放市场前，不管制造的实际吨位如何，都必须对这些物质或混合物进行分类。

该法规从现有危险物质指令 67/848/EEC（DSD）和危险配制品指令 1999/45/EEC（DPD）条款中转变而来，同时引进了联合国 GHS 中与 DSD 标准最接近条款。CLP 法规的范围尽可能与现有的欧盟系统保持一致，因此在危险类别上与 GHS 略有差别，危险类别中"易燃液体 第 4 类"、"剧毒品 第 5 类"、"对皮肤有腐蚀性/刺激性第 3 类"、"吸入危险 第 2 类"、"高水生毒性 第 2 类和第 3 类"并未列入 CLP 法规。

该法规和 REACH 法规是直接相关联的两部法规，其管理机构都为欧洲化学品管理局，在执行上也同样严格，但 CLP 法规涉及面更广。

CLP 法规和 REACH 一样，它的实施也是逐步完成的。 对于物质的分类、标签和包装的强制执行日期是 2010 年 12 月 1 日，届时将取代欧盟现行的对物质分类与标签管理的指令 67/548/EEC（即 DSD 指令）；对于配制品的分类、标签和包装的强制执行日期是 2015 年 6 月 1 日，并取代现行的配制品的分类标签指令 1999/45/EEC（即 DPD 指令）。

对于国内企业来说，需要做三方面工作：

一是需要对出口产品的分类、标签和包装进行更新。 国内企业化学品包装的标签中对化学品的危害性描述和防范措施与 CLP 有着不同程度的差异，需要按照 CLP 的要求在细节上作出更改。 同时标识危害的图标也要作出更改。

二是企业需要更换符合 CLP 法规的化学品安全数据表。

2015 年 6 月 1 日之后，DSD 和 DPD 废除，SDS 上必须提供根据 CLP 法规进行的分类信息。

三是企业需向 CLP 法规实施机构欧洲化学品管理局进行通报。

对于国内企业而言，要么通过自己的欧洲分公司或唯一代表（OR）进行通报，要么督促欧洲进口商自行通报。只要其中之一完成了通报，就不会影响出口。在没有通报的情况下，即使企业自行对分类、标签和包装内容进行了符合 CLP 法规的更改，也不能出口。

1.1.3　BPR 法规

BPR 法规全称是欧盟生物杀灭产品法规（Biocidal Products Regulation，BPR），是欧盟规范其内部市场中生物杀灭产品的使用而发布的法律性文件。生物杀灭产品是指可以通过活性物质的作用来保护人类、动物、材料和物品免受来自有害生物如害虫、细菌等侵害的产品。法规于 2012 年 5 月 22 日被采纳，于 2013 年 9 月 1 日正式实施，2014 年 4 月 25 日对其进行了修订。欧洲化学品管理局为其主管机构。

法规要求所有的生物杀灭产品在投放市场前都必须获得授权，且产品中的活性物质必须已经获得了欧盟委员会的批准。该法规的目标是统一欧盟生物杀灭市场；简化活性物质的审批和生物杀灭产品的授权；引入评审过程中成员国评估、意见形成和给予决定 3 个环节的时间限制；通过强制性的数据共享和鼓励更灵活的试验方式来减少活体动物实验。

监管的对象为生物杀灭剂活性物质、生物杀灭剂产品和生物杀灭剂处理物品。生产生活中常见的消毒剂、灭菌剂、清洁剂、防腐剂、驱虫剂以及与人体接触的卫生防护用品等都是该法规适用的范围，如三氯异氰尿酸、二氯异氰尿酸钠和二水二氯异氰尿酸钠等化学物质都属于该法规调整的范围。国内生产企业将上述物质出口欧盟时，不能直接申请，与 REACH 法规相似，可以通过指定欧盟境内代表或进口商等方式申请。

统一化数据要求也是 BPR 的基本目标之一，法规附件 Ⅱ 列出了活性物质审批需提交的数据，附件 Ⅲ 列出了产品授权需提交的数据。数据要求可以分为核心数据和附加数据。核心数据是所有物质和产品都必须提供的内容，附加数据是根据产品类别、内在属性和改善最初风险评估的需要，需要提供的生态毒性和环境归宿及行为、理化性质、分析方法、毒理数据等。法规对活性物质和生物杀灭剂产品的卷宗需提交的信息进行了明确规定。法规的数据共享要求参照 REACH 法规数据共享要求。欧洲化学品管理局将对数据的完整性和符合性进行符合性检查。

法规对包装和标签作出具体规定。对于生物杀灭产品，授权持有者应确保其产品依据特性被正确地分类、包装和加贴标签，特别是危险声明和预防声明。要防止发生误解，供应一般公众的，也应含有劝阻消费内容，不得吸引小孩。此外，还需确保标签中不得含有对人体、动物健康或环境产生风险的产品的误导。要使用成员国官方语言进行标签。标签必须清晰且不可磨灭地显示以下信息：

① 每一活性物质的身份信息及其公制浓度；

② 产品中含有纳米材料的，且有特殊风险的，应在每一个使用纳米材料的地方，标注带括号的"nano（纳米技术）"；

③ 有主管当局或委员会配给的生物杀灭产品的授权号；

④ 授权持有者的姓名和地址；

⑤ 制剂的类型；

⑥ 被授权的生物杀灭产品的用途；

⑦ 每项授权用途下的使用说明、使用频率和剂量率，用公制单位表示，用使用者可以识别且容易理解的语言描述；

⑧ 可能发生的直接或间接的不良副作用的任何细节及急救说明；

⑨ 如果附有说明书的，应标明"使用前请阅读附属说明书"及对于弱势群体的警告（适用时）；

⑩ 产品及其包装的安全处理说明，包括禁止包装再使用的说明；

⑪ 剂型的批号或名称和正常储存条件下的有效期；

⑫ 在适用的情况下，产品的效力时间等；

⑬ 在适用的情况下，受限产品的用户类别；

⑭ 在适用的情况下，关于对环境的详细危害信息，特别是关于保护非靶标生物和避免水污染的信息；

⑮ 对于含有微生物的生物杀灭产品，标签的要求根据 2000/54/EC 指令执行。对于处理物品也规定了详细的包装标签说明。

同时，作为欧盟化学品管理局直接执行的四大法规之一，事前知情同意法规（Prior Informed Consent Regulation，PIC 法规）修订版于 2014 年 3 月 1 日开始实施，主要管辖高危险性化学物质进出口。另外，还有欧盟化妆品法规、欧盟植物保护产品法规、食品接触材料法规、人类与兽类医药指令等相关法规。

1.2
什么是REACH法规

REACH 法 规（Registration，Evaluation，Authorisation and Restriction of Chemicals），即化学品注册、评估、授权与限制的法规，全称为《关于化学品注册、评估、授权和限制法案》，是欧盟于 2006 年 12 月立法通过的一项对化学品进行安全管理的新法规。该法规于 2007 年 6 月 1 日起生效，2008 年 6 月 1 日起正式实施。

它不是一个单独的法令或法规，而是一个涵盖化学品生产、贸易和使用安全的综合性法规，用于取代欧盟《危险物质分类、包装和标签指令》等 40 多项有关化学品的指令和法规。需要指出的是，REACH 法规适用于整个欧洲经济区（EEA），包括欧盟成员国以及冰岛、列支敦士登和挪威。

该法规以"一种化学物质,在尚未证明其安全之前,它就是不安全的"为重要理论依据,将3万多种化工产品和其下游的纺织、轻工、制药等产品分别纳入注册、限制、授权3个环节实施安全监控。 企业必须向总部设在芬兰赫尔辛基的新主管机构(欧洲化学品管理局 European Chemicals Agency,简称 ECHA)注册其生产的化学品。 欧盟自己生产的、用于出口的和从国外进口的所有化工品及其下游配制品都必须进行注册并被授权后,才能在欧盟市场流通。

1.3
立法的目的及背景

1.3.1　欧盟化学品发展的需要

化学工业一直是欧盟的支柱产业,体量位居全球第一,产值约占世界的1/3。 除拥有巴斯夫股份公司(BASF SE)、拜耳公司(Bayer)、赫希斯特公司(Hoechst AG)等几家主要的跨国公司外,还拥有大约36000个中小企业。 这些中小企业约占企业总数的96%,其化学品产量约占总数的28%。

欧盟虽然在很长一段时间内保持着世界化学工业的"领头羊"地位,但是发展速度反而呈下降的趋势。 这与欧盟之前的化学品管理体系的混乱不无关系,原化学品管理体系(以下称原体系)由不同历史时期的指令和制度拼凑起来的,对"已有"化学品和"新"化学品采用不同的规定。 对于大多数已有化学品来说,无法通过这一体系获取充分的信息来反映其对人类健康和环境的影响。 这阻碍了欧盟化学工业的研究和创新,同时也阻碍了欧盟统一市场的建设。

为在短时间内迅速提高欧盟化工行业的竞争力,考虑到化学工业对于欧盟经济和社会的重要性,尽可能地使欧盟化工行业不在全球化工行业竞争中落后,唯一切实可行的办法就是通过变革既存的化学品管理体系,抬高市场准入门槛,把其他竞争对手拒于欧盟市场之外,以提高欧盟化学工业的竞争力。

1.3.2　保护健康与环境的需要

一些化学品对人类的健康和环境造成了严重的损害,一些疾病的发病率在过去的几十年里明显增加,这些都被认为与化学品的大量使用有千丝万缕的联系。

REACH法规之前的化学品管理体系的理念是"一项化学品在没有被证明为有害的情况下,它就是安全的"。 但是,由于人们的认识水平、科学技术的发展和化学品自身的特性,还有很多的化学品是否对人类健康和环境造成影响需要经过一段时间的验证,不可能在使用化学品之前完全证明它是有害的。 同时,原体系对"现有"化学品和"新"化学品采用不同的规定。 1981年以后进入市场的3800多种新化学品所产生的对人类健康和对环境影响的信息，相对于 1981 年 9 月 18 日以前的 10 万种现有的化学品的信息而言，是微不足道的。 因此，人们无法获得大多数现有的化学品的全面信息，来了解其对人类健康和环境的影响，从而无法控制这些化学品所带来的负面影响。

此外，原体系要求生产者和进口商提供化学品的相关信息，而下游用户没有被要求提供所使用的化学品的信息，这不利于人们进一步了解化学品在使用过程中的信息。 但很多化学品所产生的危害都是在使用过程中暴露出来的，原体系更进一步导致了人们无法全面掌握化学品性质和使用方面的消息，增加了化学品对人体健康和环境的风险。

1.3.3　化学品进行全面安全评估的历史需要

欧盟现行管理体系将市场上的化学品划分为"现有"化学品和"新化学品"。 以 1981 年 9 月为界，之前的为"现有"化学品，之后的为"新化学品"。

20 世纪 90 年代后期，欧盟进行现行化学品管理法规的审查时发现：

① 对于在欧共体市场中占有举足轻重位置的"现有"化学品性质的法规不能提供充分的信息，人们对很多化学品的危险性缺乏了解；

② 现行的风险评估缓慢，一般不能在合理的时间内完成风险评估；

③ 同时得到评估的是仅占化学品总量不到 1％的"新化学品"，而占总数 99％以上的"现有"化学品的危害和风险却没有得到评估，对"新化学品"投放市场的要求要远远严于适用于"现有"化学品的现行规则，可能构成创新的障碍。

1.3.4　化学品国际化管理的需要

国际上，化学品因其对人身健康和环境现实或潜在的巨大危害，一直是各国政府和联合国等国际组织严密监管的对象。

20 世纪 50 年代初，国际组织就开始了对化学品的分类和标记的协调工作。 1952 年，联合国国际劳工组织（ILO）要求其化学工作委员会研究危险品的分类和标记。 联合国环境规划署于 1989 年提出了关于化学品国际贸易资料交流的伦敦准则。 1992 年经济合作与发展组织（OECD）发布的《里约热内卢宣言》，要求对有毒有害化学物质实施必要的环境管理，包括禁止危险化学品的国际非法贩运、保护臭氧层，并提出了收集高产量有毒有害化学品（HPV）的安全信息及评价，促进污染物排放和转移登记（PRTR）制度的建立，建立全球统一的分类、标签体系（GHS）等相关措施。 为了避免因各国政府对化学品环境管理的要求不同所产生的贸易摩擦，OECD 和欧盟等首先提出要求统一协调新化学品申报制度和化学品的测试、数据交换以及危险化学品的分类、包装与标志制度。 1992 年，联合国环境与发展大会提出了建立化学品分类及标记全球协调制度。 国际劳工组织（ILO）经济合作与发展组织和联合国危险货物运输专家委员会（DG）共同合作，于 2003 年出版了《化学品分类及标记全球协调制度》（GHS）作为指导各国控制化学品危害和保护人类与环境的规范性文件，并于2008年正式实施。

1.4
法规的特点

从 REACH 法规的实施对我国进出口贸易的影响看，法规存在以下特点。

一是影响范围广，涉及产品多。 法规涵盖了在欧盟制造、进口或投入市场的全部化学物质，涵盖物质、配制品和物品三种形态，是对单个产品的产业链和整个化学品生命周期实施管理，制定了注册、限制和授权 3 个监管系统。 法规将欧盟市场上流通的常见的 3 万多种化学品及下游产品都纳入了管理范围。 据测算，在受影响的行业中，除大宗化工行业外，还有精细化工、染料和助剂、金属、电子、纺织服装、汽车、皮革、家具等行业，是目前已知影响范围最大的技术性贸易措施。

二是注册难度大，费用高。 注册要求的数据除特殊用途外，要求提供理化、毒理、生态毒理等多项数据信息，且数据质量要求高，一般只认可经济合作与发展组织（OECD，我国不是该组织成员国）中符合良好实验室规范（GLP）要求的实验室提供的数据，加上我国多数企业长期以来对产品数据信息的漠视，导致我国绝大多数企业的绝大多数产品均需通过购买原有数据信息甚至重新进行实验以获得实验数据。 注册时间从几个月甚至一年以上不等，时间较长。 同时化学物质因其数据、企业规模、注册吨位级别、提交方式等不同，费用也有较大差异，一般注册费用从十几万到二百多万元人民币不等，相对于其他技术性贸易措施来说，费用较高。

三是理念引领潮流，企业承担主体责任。 与以往化学品法规危害管理的理念和以造成的危害作为处罚的依据不同，法规在立法理念上着重进行风险管理和风险分析，将风险划分为危害和暴露两个决定因素，将危险品、高关注物质（CMR、PBT、vPvB）、高产量物质作为重点管理对象。 同时，法规将举证责任转移，将化学品评估责任由公共管理机构证明其是否有害，转为生产企业证明其是否无害，企业要切实承担起化学品安全评价、控制的主体责任。

四是注重数据和数据权益，坚持预防为主。 法规将数据作为其管理的关键和核心，"没有数据就没有市场""一个物质，一份卷宗"，采信数据一般来自 GLP 实验室数据。 法规注册是对大量数据信息的梳理和固化，通过格式化的安全性评估，对数据的引用和管理明确了费用、程序等，尽量避免重复实验和不必要的测试。 法规在安全评估、风险管理措施、授权、限制等工作中对预防性原则中，都注重维护领头注册人/首次信息生成者、首次动物实验完成者的知识产权和信息产权。 法规十分注重预防，如"限制"中，当有迹象表明某种物质的使用会引起严重风险时，成员国和委员会可以建议对该物质进行限制。

1.5

法规的结构

法规的文本主要由正文、附件和附录 3 部分组成。 其中正文是法律文件的主体；附件从技术、模板方面为法律文件提供了必要的支持；而附录则是对附件 XVII 中受限制物质的细化。 法规既有强制性文本内容，又有相应的技术标准，详见 REACH 法规全文概览（图 1.2）。

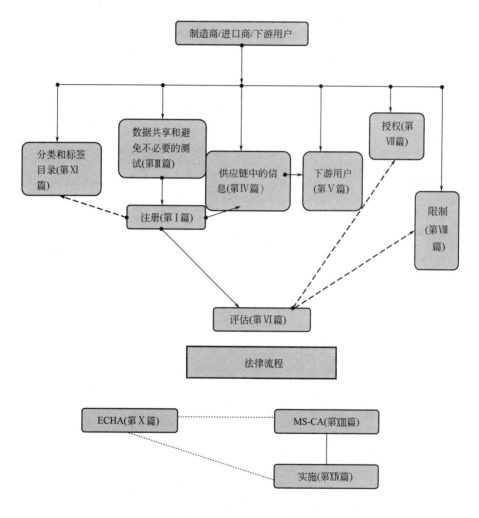

图 1.2　REACH 法规全文概览

REACH 法规的正文由 15 篇组成：

第一篇　目标、范围与适用（第 1～4 条）

第二篇　化学物质注册（第 5～24 条）

第三篇　数据分享与避免不必要的动物试验（第25～30条）

第四篇　供应链上的资料（第31～36条）

第五篇　下游使用者（第37～39条）

第六篇　评估（第40～54条）

第七篇　授权（第55～66条）

第八篇　生产、经销及利用部分危险物质及制备（第67～73条）

第九篇　费用及收费（第74条）

第十篇　管理署（第75～111条）

第十一篇　物品分类及标示（第112～116条）

第十二篇　信息（第117～120条）

第十三篇　主管机构（第121～124条）

第十四篇　执行（第125～127条）

第十五篇　过渡和最终条款（第128～141条）

REACH法规正文后附有17项附件：

附件Ⅰ　物质评估和编制化学品安全报告的一般规定

附件Ⅱ　化学品安全数据表编写指南

附件Ⅲ　数量在1～10吨/年的物质注册标准

附件Ⅳ　根据第2条第7款a免于注册的物质

附件Ⅴ　根据第2条第7款b免于注册的物质

附件Ⅵ　注册基本信息要求

附件Ⅶ　1吨及以上附加信息要求

附件Ⅷ　10吨及以上附加信息要求

附件Ⅸ　100吨及以上附加信息要求

附件Ⅹ　1000吨及以上附加信息要求

附件Ⅺ　附件Ⅶ至Ⅹ中试验标准的一般规则

附件Ⅻ　下游用户评估物质和准备化学品安全报告的一般规定

附件ⅩⅢ　持久性、生物蓄积性和有毒物质以及高持久性和高生物蓄积性物质鉴别标准

附件ⅩⅣ　需取得授权的化学物质清单

附件ⅩⅤ　卷宗

附件ⅩⅥ　社会-经济损益分析

附件ⅩⅦ　生产、销售和使用某些危险化学物质、配制品和物品的限制

REACH法规正文后附有10项附录：

附录1　附件ⅩⅦ第28点——致癌物质：第1级

附录2　附件ⅩⅦ第28点——致癌物质：第2级

附录3　附件ⅩⅦ第29点——诱导基因突变物质：第1级

附录4　附件ⅩⅦ第29点——诱导基因突变物质：第2级

1.6
法规适用范围

根据 REACH 法规的规定，法规的管理对象包括独立存在的，也包括存在于配制品或物品中的化学物质。 法规不对配制品或物品从整体上进行管理，但对这些商品中所含的化学物质提出了一定的管理要求。 由于物质概念非常广泛，同时如一些物质已经得到其他立法严格管理，法规对这些物质进行豁免或不管辖。 不管辖的物质有：①放射性物质；②受海关监管的物质；③非分离中间体；④运输中的危险物质和危险配制品；⑤废物；⑥因国防需要而豁免的物质。 豁免注册的物质有：①食品添加剂或饲料添加剂；②人用或兽用药品；③REACH 法规附件Ⅳ和Ⅴ（仅豁免注册）的物质；④已注册、可回收或可再生的物质；⑤再进口物质；⑥聚合物；⑦供研发用途的化学物质。 视为已注册的物质有：①用于生物杀灭剂产品中的活性物质；②用于植物保护产品中的活性物质；③根据欧盟 67/548/EEC 指令已申报的物质（详见表1.1　法规豁免/执行物质范围一览表）。

法规将适用对象定义为物质、配制品和物品三类。

（1）物质（Substance）

定义：自然状态下（存在的）或通过生产过程获得的化学单质及其化合物，包括为保持其稳定性而有必要的添加剂和加工过程中产生的杂质，但不包括不会影响物质稳定性或不会改变其成分的可分离的溶剂。 例如：金属铜、硫酸钠、苯酚、乙醇等。

备注 1：物质可以是混合物，例如添加了稳定剂和自然产生的杂质；含量低于10％的杂质不用注册。

备注 2：物质可分成单组分物质、多组分物质以及含有未知成分或可变成分的物质、复杂反应产物物质或生物材料物质（UVCB）。

（2）配制品（Preparation）

定义：由两种或两种以上物质组成的混合物或溶液。 该混合物是生产者按照一定的比例人为进行混合而得。 例如合金、鞋油、洗涤剂等。

（3）物品（Article）

定义：指在制造过程中获得特定形状、外观或设计的物体，这些形状、外观和设计比其化学成分更能决定其功能。例如：玩具、纺织品、家具、汽车、电器等。

物质和物品之间的过渡以及判定标准示例：

铜粉、铜锭（物质，要注册）、铜板、铜管、铜雕像（物品，不用注册）；只有当物品有意释放化学物质时才需要注册，例如衣服褪色这不算有意释放化学物质，无须注册；而消毒用湿纸巾为达到消毒作用，纸巾中酒精必须释放到环境中为有意释放，因此必须为酒精进行注册（如果纸巾数量足够多，达到释放量大于 1 吨/年）。

1.6.1 独立存在的化学物质或配制品中的化学物质

① 制造量或进口量大于或等于 1 吨/年的化学物质，制造商或进口商应向欧洲化学品管理局提交注册。

② REACH 法规注册规定，不完全适用于现场分离中间体和可分离转移中间体的注册。

③ 对于满足游离单体或其他物质的质量含量大于或等于 2%，并且单体物质或其他物质总量大于或等于 1 吨/年两个条件的聚合物，其制造商或进口商应对未注册的单体或其他未注册的添加物质向欧洲化学品管理局提交注册。

1.6.2 下游产品中的化学物质

① 如果在产品中的总含量大于或等于 1 吨/年并且物质在正常使用和可合理预见的使用条件下可能从物品中释放，需向欧洲化学品管理局提交注册。

② 如果物品中含有的化学物质是高关注度物质（SVHC），或被鉴定为 SVHC 的物质，且产品中的总含量超过 1 吨/年，含量大于 0.1%，其制造商或进口商应向欧洲化学品管理局通报。

③ 如果物品中的总量超过 1 吨/年的生产商或进口商，同时欧洲化学品管理局有理由怀疑物质从物品中释放，而且释放出来的物质对人类健康或环境带来风险。欧洲化学品管理局可要求物品的生产商或进口商对其中特定的化学品物质进行注册。

对于输欧盟企业来说，判断其产品是否适用该法规，一般要对自己产品所含化学物质进行一个全面的了解和掌握。首先对自己产品的主辅料进行分析，做"加法"，预估重量级，在实际操作中，基本会超过 1 吨/年。然后再对这些化学品进行"减法"，去掉不适用物质，一般就可以确定需要注册的物质。

从另一个层面来说，法规对适用范围规定过于宽泛，在法律执行层面难度很大，但对于化学物质及含量比较清楚，且输欧出口量大、明显有化学物质释放的产品，企业须及时开展相关工作，以免丢失市场。其他不明确的，可向相应咨询服务机构咨询或直接在欧洲化学品管理局网站查询，查询网址：https://echa.europa.eu/

support/registration。

注：本书所列网址为编写时网址，不排除之后网址变化的可能。

表 1.1　法规豁免/执行物质范围一览表

物质	注册	数据共享	安全数据表	化学品安全报告	评估	授权	限制	分类和标签
生物杀虫剂中的活性物质	视为正在注册	执行	执行	豁免	执行	执行	执行	GHS(2010 年 12 月开始执行)
植物保护产品中的活性物质	视为正在注册	执行	执行	豁免	执行	执行	执行	
已通报物质	视为已注册	执行	执行	执行	执行	执行	执行	
食品、饲料添加剂	豁免	执行	执行	豁免	豁免	豁免	执行	
人用、兽用原料药	豁免	执行	执行	豁免	豁免	豁免	执行	
人用、兽用药物制剂	豁免	执行	豁免	豁免	豁免	豁免	执行	
附件 IV 的物质	豁免	执行	执行	豁免	豁免	执行	执行	
附件 V 的物质	豁免	执行	执行	豁免	豁免	执行	执行	
注册物质回收或再生	豁免	执行	执行	豁免	豁免	执行	执行	
再进口物质	豁免	执行	执行	豁免	豁免	执行	执行	
聚合物	豁免	执行	执行	豁免	豁免	执行	执行	
PPORD	豁免	豁免	执行	豁免	豁免	执行	执行	
现场分离中间体	简化执行	执行	执行	豁免	豁免	豁免	执行	
可转移分离中间体	简化执行	执行	执行	豁免	执行	豁免	执行	
非分离中间体								
海关监管物质								
国防需要的物质			不受法规管辖					
废物								
运输途中的危险物质								
放射性物质								

1.7
法规的主要管理环节

法规按照"无数据、无市场"的原则，对不同化学物质规定了注册、评估、授权与限制的要求。 其中，注册是合规工作的前提和基础，也是化学品进入欧盟市场的关键。 绝大多数输欧盟化学品或化学物质需要履行注册义务。 因此，下面着重介绍化学品的注册工作。

（1）注册

注册的目的就是由注册人提供相关数据对物质的风险进行评估。 法规以预防性原则为基础，法规要求物质的制造商或进口商收集其负责的物质的相关信息，在这些信息的基础上对物质的风险进行评估，并采取适当的风险管理措施，实现物质的安全制造和进口。 制造商或进口商还应把这些信息通过供应链传递给物质的接收方，指导其安全使用。

（2）评估

评估是 REACH 法规文本第六篇的内容，法律条款共计 15 条。 评估主要是由欧洲化学品管理局和各成员国机构开展的工作。 评估分为卷宗评估和物质评估两部分。 卷宗评估的目的是防止不必要的动物试验，以及检查注册卷宗与注册要求是否一致，由测试提案检查和符合性检查两部分构成。 物质评估提供了一种机制，在怀疑相关物质对人类健康或环境存在风险的情况下，可要求企业获取并提交更多的信息；同时管理局将制定物质评估有效性指南，并制定滚动评估计划。

（3）授权

授权程序的目的是为了确保内部市场的良好运作，确保高关注度物质的风险得到充分控制并逐渐用经济、技术上可行的适当替代物质或技术予以替代。 为实现此目的，申请授权的所有制造商、进口商及下游用户都应分析是否有替代物质或技术，并对替代物质的风险、技术和经济特征予以考虑。

授权分为两方面的工作：官方层面开展授权列表（附件 XIV）的制定及修改，对授权申请的批准或驳回；企业层面为使用授权列表中的物质或用途申请授权。 在授权程序中，这些工作都是围绕着附件 XIV 展开的。

此外，法规还规定了以下几个环节。

（4）数据共享

规定经由动物实验获得的数据必须共享，而其他实验数据可以由后续申请人申请共享。

（5）供应链中的信息

要通过 SDS 或供应链传递信息，使商品接收者能够采取适当的减少风险的措施。

（6）下游用户

要承担一定的责任，使供应链上游参与者可以了解物质暴露的途径。

（7）ECHA 下游用户

设立欧盟化学品管理局，在欧盟范围内承担法规相关技术、科学和管理方面的工作，确保法规良好运行。

（8）化学物质的分类和标记

借鉴 GHS 相关要求，实行全球统一分类和标签制度。

（9）信息

发展信息网络系统，任何人均可通过网站很方便地获得信息，使法规实施时获得信息的作用发挥到最大。

1.8
REACH-Similar

REACH 法规的实施具有诸多不同于现有化学品管理体系的新特点，保护环境和人类健康、源头控制、分类管理、预防性原则、链式结构、"无害化"目标以及注册→评估→授权→限制管理等观点、原则、目标和措施表明了一种化学品新的管理逻辑，引领了世界化学品管理的新潮流，对我国和世界主要国家等都具有借鉴意义，正因为如此，一批相似的法规或借鉴 REACH 法规部分内容的化学品管理法规在一些国家和地区相继制定和实施。 这也从一定程度上表明了企业进行 REACH 法规应对的必要性，假如我们的企业不积极应对，选择交出主动权或退出欧盟市场，明天也可能因此退出美国、东南亚和韩国等市场，甚至在国内遭到限制。 已经注册的企业也应该充分认识到数据信息的重要性，"没有安全就没有生存，没有数据就没有市场"的观念应该在化学品企业扎根，在进行国际贸易时，要牢牢掌握数据的主动权。

（1）中国：新化学物质环境管理办法

《化学物质环境管理办法（环境保护部令第 7 号）》（以下简称办法）2010 年 10 月 15 日起施行。 未列入《中国现有化学物质名录》的新化学物质、配制品中的新化学物质、在物品中属于有意释放的新化学物质均需按照程序申报，规定了常规申报、简易申报和科研备案申报三种方式，一般按照查新、确定申报类型→数据分析、开展测试→提交卷宗、评审和发证的程序进行。 未申报登记的新化学物质，在中国境内禁止生产或进口。 未按《办法》进行申报的企业，将被环保部门通报、罚款，直至取缔，且在三年之内不能进行新化学物质申报。 新化学物质是否申报是环保部门环评立项的重要因素之一。

（2）美国：《有毒物质管理法（TSCA）》修订

该法案 1976 年由美国国会通过，1977 年开始实施。 2016 年 6 月 22 日，美国总统奥巴马在白宫签署《劳滕伯格 21 世纪化学物质安全法案》（Frank R. Lautenberg Chemical Safety for the 21st Century Act），该项法案是对 1976 年通过的《有毒物质管理法（TSCA）》的首次重大变革。 按照该修正案，美国环保署（EPA）被授予更大的权力并获得更多的财政支持，EPA 对在美生产、销售和使用的化学品监管范围将极大地扩大，从新化学物质重点监管变为全部化学品的统一监管。 在修正案下，美国国内企业也将承担更多的信息公开责任。修正案将对全世界范围内的化工产业产生巨大影响。对中国企业而言，进入美国市场的门槛进一步提高，出口时将面临文件资料要求的诸多变化，还将面临高昂的审查费用等诸多新的变化，短期内将遭遇极大的贸易障碍。

（3）日本：化审法（CSCL）

该法案于 1973 年 10 月 16 日颁布，是世界首部管控化学物质风险的法规，2009 年 5 月 20 日第三次修订版发布，2011 年 1 月 1 日起正式实施。

日本现有和新化物质名录（ENCS）将现有化学物质分为现有化学物质（约 20600 种），通报公告类物质（约 6100 种），1、2 类特种化学物质（约 100 种），以及优先评估化学物质（PACs，96 种）。其中现有化学物质和通报类化学物质被分配 MITI 号。不在以上清单中的物质没有 MITI 号，被认为是新化学物质。新化学物质在生产或进口前需通报相关信息，用于评估其危害，新化学物质通报 5 年后将被列入通报类清单中。

2016 年，按照修订后的法规要求，日本经济产业省（METI）、厚生劳动省（MHLW）以及环境省（MoE）对该法案进行了审核，提出议程包括：加快筛选测试和风险评估；修订少量确认【1 吨及以下】以及低吨位确认【10 吨及以下】的申报系统；管理未被列为优先评估化学物质或第二种特定化学物质，但是很有可能"非常危险"的化学物质。METI 特别表示有计划开展对含有未知成分或可变成分的物质、复杂反应产物的物质或生物材料物质（UVCB 物质）的评估。

（4）加拿大：《禁止特定有害物质法规》

加拿大政府于 2012 年 12 月 14 日发布，于 2013 年 3 月 15 日生效。

该法规是针对多种物质风险管理的一种工具，旨在在加拿大境内通过禁止制造、使用、销售、提供和进口法规规定的有毒物质或含有这些物质的产品（有一定数量的豁免），防止潜在风险对加拿大环境和公民健康造成伤害。

除了法规明文规定的受规管物质外，还给出了消费品中可能发现的高风险物质。而这些物质是基于 1999 年《加拿大环境保护法》（CEPA）有毒物质列表提供的信息而选出的。

（5）韩国：韩国化学品注册与评估法案（化评法，K-REACH）

2014 年 5 月 1 日生效，2015 年 1 月 1 日正式实施。K-REACH 采用类似欧盟 REACH 法规的登记、评估、授权和限制要求对新化学物质、现有化学物质和下游产品进行管理，对于韩国境外的化学品供应商，法案同样要求通过韩国境内的唯一代表（OR）完成登记。但该方案没有预注册阶段，只是给予一定的缓冲期，要以年度吨位为注册吨位。

2016 年 12 月，韩国对现有的 K-REACH 法规进行了大幅度修订。这些修订包括：年生产/进口量超过 1 吨的现有物质需要完成注册；100kg 以下的新物质由注册调整为通报；调整违法行为的罚款金额；简化非有害物质的数据要求；新增物质注册豁免情形；新增供应链物质信息传递要求；改善 NIER 化学物质评估方式。

2018 年 2 月 28 日，韩国国会全体会议通过了新的修正案，于 2018 年 3 月 20 日颁布，于 2019 年 1 月 1 日生效。 主要变化有：改善现有物质注册体系，按照有害性/流通量来指定物质注册，7000 余种化学物质将在 2030 年之前全部注册完毕；注册前进行预注册，现在正在制造/进口现有化学物质的企业要在法律实施起 6 个月内进行预注册（2019.6.30.），政府可能会构建一个 IT 系统用来让企业能够快速预注册；改善新化学物质注册体系，只有年制造/进口 100kg 以上的新化学物质才需要注册；取消年报制度；强化对 CMR 物质的管理，致癌性、高累积性、高残留性、会对肺/肝等脏器造成损伤的物质等，将被指定为"重点管理物质"来严格管理，制造/进口以上物质的人要申报产品内含有的物质名称、用途/含量、有害性信息、简单的暴露信息等，政府对此进行检查，必要时可以限制/禁止某些物质在产品中的使用；强化对于危害性比较小但制造/进口量比较大的化学物质管理；改变罚金制度；化学物质信息提供对象扩大，有害化学物质无论注册与否，都应将有害性信息传递给购买人；全部用于出口的物质，出口量没有限制，直接豁免注册；被指定为授权物质，授权用途外的其他所有用途都禁止使用；强化 OR 责任；新增故意/过失篡改实验结果的试验机关（有期徒刑 5 年/1 亿韩元罚金），提交假的有害性审查资料的制造/进口商（有期徒刑 3 年/5 千万韩元罚金）等规定。

（6）土耳其：KKDIK 法规

2017 年 6 月 23 日，土耳其环境与城市规划部正式发布了法规 KKDIK（土耳其语首字母缩写），代表化学品注册、评估、授权和注册，将于 2017 年 12 月 23 日起正式实施，并且规定 2020 年 12 月 31 日为预注册截止日期，2023 年 12 月 31 日为注册截止日期。 KKDIK 与 REACH 法规在责任义务要求、化学物质管控等方面有许多相似之处，其适用范围也包括物质、配制品和物品，比较明显的不同是 KKDIK 要求递交的资料语言采用土耳其语，所以出口土耳其的企业也不用太担心。

提醒所有在土耳其有生意往来的企业，时刻关注法规动向，明确产品是否受监管，明确责任义务要求，以提高竞争力，降低合规成本。

（7）澳大利亚："工业化学品输入框架"（AICIS）

2017 年 6 月 1 日，澳大利亚就"工业化学品法规 2017"进行了"二读"。 新法规意味着澳大利亚将改革现有的工业化学品法规框架，从而建立起一项新的法规框架，即"澳大利亚工业化学品输入框架"（AICIS）。 目前框架尚在制定之中，委托立法、技术导则尚未出台。

新法规将建立澳大利亚工业化学品输入系统（AICIS），并设立执行主管，负责管理工业化学品的输入（包括制造和进口）事宜。

输入者必须在每个注册年度（从 9 月 1 日起计）内进行注册，并缴纳注册费用。不同类型的输入，需承担的法定义务不同。 低风险输入（豁免的输入及报告的输人），无需执行主管实施评估，输入者负有保存记录和报告信息的相关义务。 中度到高度风险的输入，需要获得执行主管签发的评估证书，并需符合证书中的要求。 输入者也可以申请商业评估授权，部长可签发例外情况授权。 评估证书中的工业化学品，在证书生效 5 年后将被列入澳大利亚工业化学品目录。 目录中的工业化学品，任何注册人都可以输入，但必须符合列表中的规定，并承担保存记录和报告的相关责任。 执行主管可以启动对工业化学品的评估，或与工业化学品相关的其他事项。 执行主管需发布评估声明、评价报告及法规下的其他相关信息。 任何人可以向执行主管提出申请，要求对其认定的商业机密信息不予公布。 法规同时也包含监控、实施及履行澳大利亚在国际协定下义务的相关条款。 国内相关企业可关注澳方对化学品管理流程和要求的变化，避免遭受不必要的损失。

（8）新西兰：危险物质和新有机体法案（HSNO）

由新西兰环境保护局（EPA）制定，主要用于管理新西兰的危险物质。 按照HSNO 法案的要求，所有在新西兰境内生产的或进口到新西兰的危险物质必须完成严格的审批程序。 EPA 要确保危险物质的生产商和进口商在将物质投放市场前取得相关的 HSNO 批准，使用正确的标签、包装和 SDS，并保证产品中危险物质的含量在允许的范围之内（并且无违禁物质）。 一旦 EPA 审批通过了一个危险物质，EPA将会实施一系列的控制措施，防范或适当管理危险物质的使用、仓储、运输和废弃处置中的风险。

2

法规动态

2.1

注册情况

根据 2018 年 5 月 31 日更新结果，全球共有 13620 家公司向欧洲化学品管理局提交了所有吨位的 88319 份注册卷宗，涉及 21551 种物质。 其中 82874 份卷宗、20608 种物质已经完成注册。 由于提交时间接近 2018 年 5 月 31 日（截止日期）的最后期限，目前仍有 5445 份卷宗、943 种物质正在注册处理中。

欧洲化学品管理局 2018 年 5 月 31 日的统计结果，见表 2.1 ~ 表 2.4。

（1）总体情况

表 2.1　欧洲化学品管理局 2018 年 5 月 31 日总体注册情况

	提交给 ECHA	已完成
注册(所有吨位)	88319	82874
物质	21551	20608

注意：注册号和物质号数目不同，因为一种物质可以由多个注册者（公司）注册。 每个注册人都必须提交自己的注册信息，公司之间分享该物质的所有数据。

（2）按公司规模

表 2.2　按公司规模划分的注册情况

按公司规模注册	已提交注册	注册完成	按公司规模注册	已提交注册	注册完成
大公司	72559	68348	微型公司	1232	1121
中小企业	11020	9786	未定义公司规模的公司	4740	4740
中型公司	6264	5551	总计	88319	82874
小型公司	3524	3114			

由于注册费用高昂、数据复杂等因素，使小微企业在注册中天然处于劣势。 从统计数据可见，大公司注册数占比为 82.16%。

（3）按注册吨位

表 2.3　按注册吨位划分的注册情况

吨位	物质	吨位	物质
每年 100000000~1000000000 吨	4	每年 100~1000 吨	2145
每年 10000000~100000000 吨	49	每年 10~100 吨	2654
每年 1000000~10000000 吨	176	每年 1~10 吨	2745
每年 100000~1000000 吨	325	每年 0~1 吨	4461
每年 10000~100000 吨	647	中间体	6028
每年 1000~10000 吨	1374	总计	20608

其中，0～10 吨、10～100 吨、100～1000 吨、1000 吨以上和中间体分别占比达到 34.96％、12.88％、10.41％、12.50％和 29.25％。

（4）按注册国家

表 2.4 显示了 28 个欧盟成员国和欧洲经济区国家（挪威、冰岛和列支敦士登）排名前 10 位的国家的注册数量。 单个欧盟或欧洲经济区国家的数字可在欧洲化学品管理局官网注册统计中查询。 查询网址：https：//echa.europa.eu/registration-statistics-infograph # 。

表 2.4 按注册国家划分的注册情况

国家	已提交注册	注册完成	物质(已完成注册)
德国	22297	21154	9899
英国	12156	11315	5343
法国	8733	7941	4294
荷兰	7661	7218	3454
意大利	7365	6839	3805
比利时	6019	5693	3054
西班牙	5890	5398	3068
爱尔兰	3746	3581	1866
瑞典	2413	2283	1583
波兰	1590	1467	645
所有欧盟/欧洲经济区	88319	82874	20608

其中，爱尔兰本身化学工业并不发达，但其注册数却相对较高，原因是我国两家主要代理公司在欧盟的唯一代表（OR）均设在爱尔兰。 根据欧洲化学品管理局网站公布的最新查询数据，截至 2018 年 11 月 12 日，通过杭州瑞旭科技集团有限公司 OR（Chemical Inspection & Regulation Service Limited）注册的有 905 项结果，通过杭州华测瑞欧科技有限公司 OR（REACH24H CONSUL TING GROUP）注册的有 589 项结果。 同时，由于同个物质相同的注册人结果会部分不显示，这个数据远远少于实际注册的数据。

从表 2.4 中也可以看出，欧洲化学工业主要集中在德国、英国（虽名义脱欧，但目前仍在执行法规）、法国、荷兰、意大利等国家。

2.2
高关注度物质（SVHC）清单

该清单是法规框架下规定的一类有害物质，包括 CMR 1 & 2（第 1、2 类致癌、致诱变、致生殖毒性物质）、PBT（持久性、生物累积性、毒性物质）、vPvB（高持久性、生物累积性物质）和其他对人体或环境产生不可逆影响的物质，如内分泌干扰物质等。

根据法规规定，上述物质要履行以下责任和义务：

① 作为物质进行销售时，企业需要向下游用户提供化学品安全技术说明书（SDS）；

② 作为配制品中的一种物质，当质量分数≥0.1%时，需要向下游传递 SDS；

③ 在物品中 SVHC 质量分数＞0.1%时，必须向物品的接受者或者应消费者要求，在 45 日内免费提供可获取的充足信息，至少说明物质名称。

通报义务：

2010 年 12 月 1 日前被列入清单的 SVHC，在物品中质量百分浓度超过 0.1%且总量大于 1 吨/年，则必须在 2011 年 6 月 1 日前完成向欧洲化学品管理局进行 SVHC 通报的义务。 2010 年 12 月 1 日后被列入清单的 SVHC，满足通报条件的，必须在列入后的 6 个月内完成 SVHC 通报。

REACH 法规规定 SVHC 一般每年更新 2 批，需要经过一系列的评价流程。 由于 REACH 是法规，一旦公布生效就具有法律效力，如果违反将受到相应的处罚。

欧盟官方预计将有超过 1500 种的化学物质符合 CMR、PBT、vPvB 的标准。 根据 WTO/TBT-SPS 通报咨询中心最新通报，截至 2018 年 6 月 27 日，REACH 高关注度物质已达到 19 批，共 191 种化学品。 详见表 2.5～表 2.23。

（1）REACH 法规第一批 15 项 SVHC 清单

2008 年 10 月 28 日，欧洲化学品管理局确认 15 种物质被归入 REACH 法规授权候选清单，REACH 法规第一批 15 项 SVHC 清单正式生效。

表 2.5　REACH 法规第一批 15 项 SVHC 清单

物质名称	CAS 号	EC 号	常见用途
4,4′-二氨基二苯甲烷	101-77-9	202-974-4	偶氮染料，橡胶的环氧树脂固化剂
邻苯二甲酸甲苯基丁酯（BBP）	85-68-7	201-622-7	乙烯基泡沫，耐火砖和合成皮革的增塑剂
邻苯二甲酸二（2-乙基己基）酯（DEHP）	117-81-7	204-211-0	PVC 增塑剂，液压液体和电容器里的绝缘体
邻苯二甲酸二丁基酯（DBP）	84-74-2	201-557-4	增塑剂，黏合剂和印刷油墨的添加剂
蒽	120-12-7	204-371-1	染料中间体
二甲苯麝香（MX）	81-15-2	201-329-4	香水，化妆品
短链氯化石蜡（C_{10}～C_{13}）（SC-CP）	85535-84-8	287-476-5	金属加工过程中的润滑剂，橡胶和皮革衣料，胶水
二氯化钴	7646-79-9	231-589-4	干燥剂，例如硅胶
六溴环十二烷（HBCDD）及所有主要的非对映异构体（HBCDD）	25637-99-4 3194-55-6 （134237-50-6，134237-51-7，134237-52-8）	247-148-4；221-695-9	阻燃剂

物质名称	CAS 号	EC 号	常见用途
重铬酸钠	10588-01-9, 7789-12-0	234-190-3	金属表面精整,皮革制作,纺织品染色,木材防腐剂
氧化双三丁基锡	56-35-9	200-268-0	木材防腐剂
五氧化二砷	1303-28-2	215-116-9	杀菌剂,除草剂
三氧化二砷	1327-53-3	215-481-4	除草剂,杀虫剂
三乙基砷酸酯	15606-95-8	427-700-2	木材防腐剂
砷酸氢铅	7784-40-9	232-064-2	杀虫剂

（2）REACH 法规第二批 13 项 SVHC 清单

2010 年 1 月 13 日，欧洲化学品管理局正式公布第二批 14 项 SVHC；2010 年 3 月 30 日，欧洲化学品管理局又将丙烯酰胺加入第二批 SVHC 清单中；2012 年 6 月 18 日，欧洲化学品管理局将第二批中在 CLP 法规下索引号为 650-017-00-8 的 2 类纤维分别整合进第 6 批 SVHC 清单，第二批 SVHC 清单减至 13 项 SVHC。

表 2.6　REACH 法规第二批 13 项 SVHC 清单

物质名称	CAS 号	EC 号	常见用途
2,4-二硝基甲苯	121-14-2	204-450-0	制造染料中间体,炸药,油漆、涂料
蒽油	90640-80-5	292-602-7	
蒽油,蒽糊,轻油	91995-17-4	295-278-5	
蒽油、蒽糊,蒽馏分	91995-15-2	295-275-9	橡胶制品,橡胶油,轮胎
蒽油(含蒽量少)	90640-82-7	292-604-8	
蒽油,蒽糊	90640-81-6	292-603-2	
邻苯二甲酸二异丁酯(DIBP)	84-69-5	201-553-2	树脂和橡胶的增塑剂,广泛用于塑料、橡胶、油漆及润滑油、乳化剂等工业中
铬酸铅	7758-97-6	231-846-0	可用作黄色颜料、氧化剂和火柴成分,油性合成树脂涂料印刷油墨、水彩和油彩的颜料、色纸、橡胶和塑料制品的着色剂
钼铬红(C. I. 颜料红 104)	12656-85-8	235-759-9	用于涂料、油墨和塑料制品的着色
铅铬黄(C. I. 颜料黄 34)	1344-37-2	215-693-7	用于制造涂料、油墨、色浆。文教用品、塑料、塑粉、橡胶、油彩颜料等着色
磷酸三(2-氯乙基)酯	115-96-8	204-118-5	阻燃剂、阻燃性增塑剂、金属萃取剂、润滑剂、汽油添加剂,以及聚酰亚胺加工改性剂
高温煤焦油沥青	65996-93-2	266-028-2	用于涂料、塑料、橡胶
丙烯酰胺	79-06-1	201-173-7	絮凝剂,胶凝剂,土壤改良剂,造纸助剂,纤维改性与树脂加工剂

（3）REACH 法规第三批 8 项 SVHC 清单

2010 年 6 月 18 日，欧洲化学品管理局确定将 8 种物质列入 REACH 法规授权候选清单（SVHC 清单），第三批 8 项 SVHC 清单正式生效。

表 2.7　REACH 法规第三批 8 项 SVHC 清单

物质名称	CAS 号	EC 号	常见用途
三氯乙烯	79-01-6	201-167-4	金属零部件的清洗与脱脂，胶黏剂中的溶剂，合成有机氯和氟化合物中间体
硼酸	10043-35-3 11113-50-1	233-139-2 234-343-4	大量应用在生物杀虫剂和防腐剂，个人护理产品，食品添加剂，玻璃，陶瓷，橡胶，化肥，阻燃剂，涂料，工业油，制动液，焊接产品，电影显影剂等行业
无水四硼酸钠	1330-43-4 12179-04-3 1303-96-4	215-540-4	大量应用在玻璃和玻璃纤维、陶瓷、清洁剂和个人护理产品、工业油、冶金、黏合剂、阻燃剂、生物杀灭剂、化肥等行业
七水合四硼酸钠	12267-73-1	235-541-3	
铬酸钠	7775-11-3	231-889-5	实验室，生产其他的铬酸盐化合物
铬酸钾	7789-00-6	232-140-5	金属表面处理和用于涂层，生产化学试剂，纺织品，陶瓷染色剂，皮革的鞣制与辅料，色素和墨水，烟花，烟火
重铬酸铵	7789-09-5	232-143-1	氧化剂，皮革的鞣制，纺织品，金属表层处理，（阴极射线管）屏幕感光
重铬酸钾	7778-50-9	231-906-6	铬金属制造，金属零部件的清洗与脱脂，玻璃器皿的清洗剂，皮革的鞣制，纺织品，照相平版，木材防腐处理，冷却系统缓蚀剂

（4）REACH 法规第四批 8 项 SVHC 清单

2010 年 12 月 15 日，欧洲化学品管理局正式把第四批 8 种 SVHC 列入 REACH 法规授权候选物质清单（SVHC 清单），第四批 8 项 SVHC 清单正式生效。

第 2.8　REACH 法规第四批 8 项 SVHC 清单

物质名称	CAS 号	EC 号	常见用途
硫酸钴（Ⅱ）	10124-43-3	233-334-2	用于陶瓷釉料和油漆催干剂，生产含钴颜料和其他钴产品，也用于表面处理（如电镀）、碱性电池，还用于催化剂、防腐剂、脱色剂（如用于玻璃和陶瓷等），还用于饲料添加剂、土壤肥料等
硝酸钴（Ⅱ）	10141-05-6	233-402-1	用于颜料、催化剂、陶瓷工业表面处理，以及碱性电池
碳酸钴（Ⅱ）	513-79-1	208-169-4	用于催化剂、饲料添加剂、玻璃料黏合剂
乙酸钴	71-48-7	200-755-8	主要用于催化剂、含钴颜料和其他钴产品、表面处理、合金、染料、橡胶黏合剂，饲料添加剂等
乙二醇单甲醚	109-86-4	203-713-7	主要用作化学中间体，以及溶剂、实验用化学药品，并用于清漆稀释剂，印染工业用作渗透剂和匀染剂，染料工业用作添加剂，纺织工业用作染色助剂
乙二醇单乙醚	110-80-5	203-804-1	主要用作生产乙酸酯的中间体，以及溶剂，试验用化学药品。并用作假漆、天然和合成树脂等的溶剂，还可用于皮革着色剂、乳化液稳定剂、油漆稀释剂、脱漆剂和纺织纤维的染色剂等
三氧化铬	1333-82-0	215-607-8	用于金属表面精整（如电镀）、制高纯金属铬，还用作水溶性防腐剂、颜料、油漆、催化剂、洗涤剂生产以及氧化剂等
铬酸、重铬酸及其低聚铬酸	7738-94-5 13530-68-2	231-801-5 236-881-5	铬酸溶于水时产生这些酸类及其低聚物，用途等同于铬酸

（5）REACH 法规第五批 7 项 SVHC 清单

2011 年 6 月 20 日，欧洲化学品管理局正式将第五批 7 种 SVHC 列入 REACH 法规授权候选物质清单，第五批 7 项 SVHC 清单正式生效。

表 2.9　REACH 法规第五批 7 项 SVHC 清单

物质名称	CAS 号	EC 号	常见用途
乙二醇乙醚醋酸酯	111-15-9	203-839-2	用于油漆、黏合剂、胶水、化妆品、皮革、木染料、半导体、摄影和光刻过程
铬酸锶	7789-06-2	232-142-6	用于油漆、清漆和油画颜料；金属表面抗磨剂或铝片涂层中
邻苯二甲酸二烷基酯（DHNUP）（$C_7 \sim C_{11}$ 支链与直链）	68515-42-4	271-084-6	聚氯乙烯(PVC)塑料增塑剂、电缆和黏合剂
肼	7803-57-8；302-01-2	206-114-9	用于金属涂层，在玻璃和塑料上；用于塑料、橡胶、聚氨酯(PU)和染料中
1-甲基-2-吡咯烷酮	872-50-4	212-828-1	涂层溶剂、纺织品和树脂的表面处理和金属面塑料
1,2,3-三氯丙烷	96-18-4	202-486-1	脱脂剂、溶剂、清洁剂、油漆稀释剂、杀虫剂、树脂和胶水
邻苯二甲酸二烷基酯（$C_6 \sim C_8$ 支链与直链），富 C_7 链（DIHP）	71888-89-6	276-158-1	聚氯乙烯(PVC)塑料增塑剂、密封剂和印刷油墨

（6）REACH 法规第六批 20 项 SVHC 清单

2011 年 12 月 19 日，欧洲化学品管理局正式将第六批 20 项 SVHC 归入 REACH 法规授权候选物质清单，第六批 20 项 SVHC 清单正式生效。

表 2.10　REACH 法规第六批 20 项 SVHC 清单

物质名称	CAS 号	EC 号	潜在用途
铬酸铬	24613-89-6	246-356-2	用于航空航天、钢铁和铝涂层等行业的金属表面混合物
氢氧化铬酸锌钾	11103-86-9	234-329-8	航空/航天、钢铁、铝线圈、汽车等涂层
锌黄	49663-84-5	256-418-0	汽车涂层，航空航天的涂层
氧化锆硅酸铝耐火陶瓷纤维（归属于 CLP 法规下索引号为 650-017-00-8 的耐火陶瓷纤维）以及满足以下三个条件的纤维： 1. 纤维主成分的组成为氧化硅、氧化铝、氧化锆（物质含量浓度可变） 2. 纤维的平均直径 $<6\mu m$ 3. 碱金属氧化物和碱土金属氧化物（$Na_2O + K_2O + CaO + MgO + BaO$）$\leqslant 18\%$	—	—	耐火陶瓷纤维组主要用在工业高温设备防火和建筑防火中，如工业火炉和设备防火、汽车和航空航天设备

物质名称	CAS 号	EC 号	潜在用途
硅酸铝耐火陶瓷纤维(归属于 CLP 法规下索引号为 650-017-00-8 的耐火陶瓷纤维)以及满足以下三个条件的纤维: 1. 纤维主成分的组成为氧化硅、氧化铝(物质含量浓度可变) 2. 纤维的平均直径<6μm 3. 碱金属氧化物和碱土金属氧化物($Na_2O + K_2O + CaO + MgO + BaO$)≤18%	—	—	耐火陶瓷纤维组主要用在工业高温设备防火和建筑防火中,如工业火炉和设备防火、汽车和航空航天设备
甲醛与苯胺的聚合物	25214-70-4	500-036-1	主要用于其他物质的生产,少量用于环氧树脂固化剂
邻苯二甲酸二甲氧乙酯	117-82-8	204-212-6	欧洲化学品管理局没有收到关于这种物质的任何注册。主要用途为塑料工业中的塑化剂,涂料,颜料包括印刷油墨
邻甲氧基苯胺	90-04-0	201-963-1	主要用于文身和着色纸的染料生产,聚合物和铝箔
对叔辛基苯酚	140-66-9	205-426-2	用于生产聚合物的配制品和聚氧乙烯醚,也用于黏合剂、涂层、墨水和橡胶的成分
1,2-二氯乙烷	107-06-2	203-458-1	用于制造其他物质,少量作为化学和制药工业的溶剂
二乙二醇二甲醚	111-96-6	203-924-4	主要用于化学反应试剂,也用作电池电解溶液和其他产品例如密封剂、胶黏剂、燃料和汽车护理产品
砷酸、原砷酸	7778-39-4	231-901-9	主要用于陶瓷、玻璃熔化和层压印刷电路板的消泡剂
砷酸钙	7778-44-1	231-904-5	生产铜、铅和贵金属的原材料,主要用作铜冶炼和生产三氧化二砷的沉淀剂
砷酸铅	3687-31-8	222-979-5	生产铜、铅和贵金属的原材料
N,N-二甲基乙酰胺(DMAC)	127-19-5	204-826-4	用于溶剂,及各种物质的生产及纤维的生产。也用于试剂、工业涂层、聚酰亚胺薄膜、脱漆剂和油墨去除剂
4,4'-二氨基-3,3'-二氯二苯甲烷(MOCA)	101-14-4	202-918-9	主要用于树脂固化剂和聚合物的生产,以及建筑和艺术
酚酞	77-09-8	201-004-7	主要用于实验室试剂、pH 试纸和医疗产品
叠氮化铅	13424-46-9	236-542-1	主要用作民用和军用的启动器或增压器的雷管和烟火装置的启动器
2,4,6-三硝基苯二酚铅	15245-44-0	239-290-0	主要用于小口径枪弹药的底漆,另外常用于军用弹药粉驱动装置和民用雷管
苦味酸铅	6477-64-1	229-335-2	欧洲化学品管理局没有收到任何关于该物质的注册

(7) REACH 法规第七批 13 项 SVHC 清单

2012 年 6 月 18 日,欧洲化学品管理局正式公布第七批 13 项高关注物质清单(SVHC 清单);同时将第二批 SVHC 清单中在《欧盟物质和混合物的分类、标签和包装法规》（CLP 法规）下索引号（Innex No）为 650-017-00-8 的 2 类纤维整合进第六批 SVHC 清单，从而，第二批 SVHC 清单减至 13 项。

表 2.11   REACH 法规第七批 13 项 SVHC 清单

物质名称	CAS 号	EC 号	潜在用途
三甘醇二甲醚	112-49-2	203-977-3	主要用于工业及化学实验室的溶剂及加工助剂；小部分用于制动液及机动车维修
1,2-二甲氧基乙烷	110-71-4	203-794-9	主要用于工业及化学实验室的溶剂和加工助剂；以及锂电池的电解质溶液
三氧化二硼	1303-86-2	215-125-8	用于诸多领域，如玻璃及玻璃纤维、釉料、陶瓷、阻燃剂、催化剂、工业流体、冶金、黏合剂、油墨及油漆、显影剂、清洁剂、生物杀虫剂等
甲酰胺	75-12-7	200-842-0	主要用作中间体。小部分用作溶剂及制药工业与化学实验室的化学试剂。未来将可能用于农药及塑化剂
甲磺酸铅（Ⅱ）溶液	17570-76-2	401-750-5	主要用作电子元器件（例如印刷电路板）的电镀及化学镀的镀层
异氰尿酸三缩水甘油酯	2451-62-9	219-514-3	主要用于树脂及涂料固化剂、电路板印刷中的油墨、电气绝缘材料、树脂成型系统、薄膜层、丝网印刷涂料、模具、黏合剂、纺织材料、塑料稳定剂
替罗昔隆	59653-74-6	423-400-0	主要用于树脂及涂料固化剂、电路板印刷业的油墨、电气绝缘材料、树脂成型系统、薄膜层、丝网印刷涂料、模具、黏合剂、纺织材料、塑料稳定剂
4,4′-四甲基二氨二苯酮	90-94-8	202-027-5	用于三苯(基)甲烷染料及其他物质制造的中间体，未来有可能作为染料及颜料的添加剂或感光剂、光阻干膜产品、电子线路板制版化学品等
4,4′-亚甲基双（N,N-二甲基苯胺）	101-61-1	202-959-2	用于染料及其他物质制造的中间体及化学试剂
结晶紫	548-62-9	208-953-6	主要用于纸张着色、印刷墨盒与圆珠笔墨水、干花着色、增加液体能见度、微生物和临床实验室染色
碱性蓝 26	2580-56-5	219-943-6	用于油墨、清洁剂、涂料的生产；也用于纸张、包装、纺织、塑料等产品的着色，还应用于诊断和分析
溶剂蓝 4	6786-83-0	229-851-8	主要用于关于印刷产品及书写墨水生产；以及纸张染色挡风玻璃清洗剂的混合物生产
α,α-二［(二甲氨基)苯基]-4-甲氨基苯甲醇	561-41-1	209-218-2	用于书写墨水的生产；未来可能用于其他墨水及诸多材料的着色

（8）REACH 法规第八批 54 项 SVHC 清单

2012 年 12 月 19 日，欧洲化学品管理局正式发布欧盟 REACH 法规第八批 SVHC 清单，共 54 项 SVHC。据悉，在 2012 年 12 月 17 日，欧盟成员国委员会（MSC）完成了对进入第 8 批 SVHC 公众评议的 54 项物质中需要进一步评估的 23 种物质的确认工作，鉴定这 23 种物质特性符合 SVHC 的判定标准，余下 31 种物质无需 MSC 进行确认。

物质的 SVHC 特性鉴定结果：

1~23 号物质经 MSC 详细审查，在 17 日正式获准成为 SVHC；24~54 号物质无需 MSC 参与评定。

1~5 号物质被鉴定为可持续性、生物可蓄积性和毒性（PBT）或高持久性、高生物累积性物质（vPvB）。

6~8 号物质因具极强的致呼吸道致敏特性，首次被鉴定为 SVHC 的致敏性物质。

9 号物质具环境刺激性（EDC）特性；10 号物质可降解成为 EDC 物质。

11~54 号物质被鉴定为具致癌、致畸性、致生殖毒性（CMR）中的一种或多种。

表 2.12　REACH 法规第八批 54 项 SVHC 清单

物质名称	CAS 号	EC 号	潜在用途
十溴联苯醚	1163-19-5	214-604-9	阻燃剂
全氟十三酸	72629-94-8	276-745-2	油漆、纸张、纺织品、皮革等
全氟十二烷酸	307-55-1	206-203-2	油漆、纸张、纺织品、皮革等
全氟十一烷酸	2058-94-8	218-165-4	油漆、纸张、纺织品、皮革等
全氟代十四酸	376-06-7	206-803-4	油漆、纸张、纺织品、皮革等
偶氮二甲酰胺	123-77-3	204-650-8	聚合物、胶水、墨水
六氢邻苯二甲酸酐、六氢-1,3-异苯并呋喃二酮、反-1,2-环己烷二羧酸酐	85-42-7, 13149-00-3, 14166-21-3	201-604-9, 236-086-3, 238-009-9	生产树脂、橡胶、聚合物
甲基六氢苯酐、4-甲基六氢苯酐、甲基六氢化邻苯二甲酸酐、3-甲基六氢邻苯二甲酸酐	25550-51-0, 19438-60-9, 48122-14-1, 57110-29-9	247-094-1, 243-072-0, 256-356-4, 260-566-1	生产树脂、橡胶、聚合物
4-壬基（支链与直链）苯酚（含有线性或分支，共价绑定苯酚的 9 个碳烷基链的物质，包括 UVCB 物质以及任何含有独立或组合的界定明确的同分异构体的物质）	—	—	油漆、油墨、纸张、胶水、橡胶制品
对叔辛基苯酚乙氧基醚（包括界定明确的物质以及 UVCB 物质、聚合物和同系物）	—	—	油漆、油墨、纸张、胶水、纺织品
甲氧基乙酸	625-45-6	210-894-6	中间体
N,N-二甲基甲酰胺	1968-12-2	200-679-5	皮革、印刷电路板
二丁基二氯化锡（DBTC）	683-18-1	211-670-0	纺织品和塑料、橡胶制品
氧化铅	1317-36-8	215-267-0	玻璃制品、陶瓷、颜料、橡胶
四氧化三铅	1314-41-6	215-235-6	玻璃制品、陶瓷、颜料、橡胶
氟硼酸铅	13814-96-5	237-486-0	电镀、焊接、分析试剂
碱式碳酸铅	1319-46-6	215-290-6	油漆、涂料、油墨、塑胶制品
钛酸铅	12060-00-3	235-038-9	半导体、涂料、电子陶瓷滤波器
钛酸铅锆	12626-81-2	235-727-4	光学产品、电子产品、电子陶瓷零件
硅酸铅	11120-22-2	234-363-3	玻璃搪瓷制品
掺杂铅的硅酸钡[铅含量超出 CLP 指令表述的致生殖毒性 1A，DSD 指令致生殖毒性 1 类的通用限制浓度限值；(EC) 号 1272/2008 下索引号为 082-001-00-6 的一组含铅化合物]	68784-75-8	272-271-5	玻璃制品

物质名称	CAS 号	EC 号	潜在用途
溴代正丙烷	106-94-5	203-445-0	药物、染料、香料、中间体
环氧丙烷	75-56-9	200-879-2	中间体
支链和直链邻苯二羧酸二戊酯	84777-06-0	284-032-2	增塑剂
邻苯二甲酸二异戊酯（DIPP）	605-50-5	210-088-4	增塑剂
邻苯二甲酸正戊基异戊酯	776297-69-9	——	增塑剂
乙二醇二乙醚	629-14-1	211-076-1	油漆、油墨、中间体
碱式乙酸铅	51404-69-4	257-175-3	油漆、涂层、脱漆剂、稀释剂
碱式硫酸铅	12036-76-9	234-853-7	塑胶制品
二盐基邻苯二甲酸铅	69011-06-9	273-688-5	塑胶制品
双（十八酸基）二氧代三铅	12578-12-0	235-702-8	塑胶制品
$C_{16} \sim C_{18}$脂肪酸铅盐	91031-62-8	292-966-7	塑胶制品
氨基氰铅盐	20837-86-9	244-073-9	防锈
硝酸铅	10099-74-8	233-245-9	染料、皮革、颜料
氧化铅与硫酸铅的复合物	12065-90-6	235-067-7	塑胶制品、电池
颜料黄 41	8012-00-8	232-382-1	油漆、涂层、玻璃陶瓷制品
氧化铅与硫化铅的复合物	62229-08-7	263-467-1	玻璃搪瓷制品
四乙基铅	78-00-2	201-075-4	燃油添加剂
三碱式硫酸铅	12202-17-4	235-380-9	颜料、塑胶制品、电池
磷酸氧化铅	12141-20-7	235-252-2	塑料的稳定剂
呋喃	110-00-9	203-727-3	溶剂、有机合成
硫酸二乙酯	64-67-5	200-589-6	生产染料、聚合物
硫酸二甲酯	77-78-1	201-058-1	生产染料、聚合物
3-乙基-2-甲基-2-(3-甲基丁基)噁唑烷	143860-04-2	421-150-7	橡胶制品
地乐酚	88-85-7	201-861-7	塑胶制品
4,4′-二氨基-3,3′-二甲基二苯甲烷	838-88-0	212-658-8	绝缘材料、聚氨酯黏合剂、环氧树脂固化剂
4,4′-二氨基二苯醚	101-80-4	202-977-0	染料中间体、树脂合成
对氨基偶氮苯	1960-9-3	200-453-6	染料中间体
2,4-二氨基甲苯	95-80-7	202-453-1	染料、医药中间体及其他有机合成
2-甲氧基-5-甲基苯胺	120-71-8	204-419-1	中间体、染料合成
4-氨基联苯	92-67-1	202-177-1	染料和农药中间体
邻氨基偶氮甲苯	97-56-3	202-591-2	染料中间体
邻甲基苯胺	95-53-4	202-429-0	染料中间体
N-甲基乙酰胺	79-16-3	201-182-6	中间体

（9）REACH 法规第九批 6 项 SVHC 清单

2013 年 6 月 20 日，欧洲化学品管理局正式发布 REACH 法规第九批 SVHC 清单，确定将 6 种物质作为高关注度物质（SVHC）加入 SVHC 清单中。

表 2.13　REACH 法规第九批 6 项 SVHC 清单

物质名称	CAS 号	EC 号	危害分类
镉	7440-43-9	231-152-8	致癌性等同人体健康严重危害
十五代氟辛酸铵盐(APFO)	3825-26-1	223-320-4	生殖毒性 PBT
全氟辛酸(PFOA)	335-67-1	206-397-9	生殖毒性 PBT
邻苯二甲酸二正戊酯(DPP)	131-18-0	205-017-9	生殖毒性
4-壬基酚乙氧基化物(支化或者线性)	—	—	等同环境严重危害
氧化镉	1306-19-0	215-146-2	致癌性等同人体健康严重危害

（10）REACH 法规第十批 7 项 SVHC 清单

2013 年 12 月 16 日，欧洲化学品管理局确定 7 种物质作为 REACH 法规第十批 SVHC，加入 SVHC 清单中。

表 2.14　REACH 法规第十批 7 项 SVHC 清单

物质名称	CAS 号	EC 号	SVHC 特性	常见用途
硫化镉	1306-23-6	215-147-8	致癌性[REACH 第 57(a)条款]；因对人体健康有严重危害而具有同等关注程度[REACH 第 57(f)条款]	用作半导体材料、发光材料以及搪瓷、玻璃、陶瓷、塑料、油漆着色
邻苯二甲酸二己酯(DHXP)	84-75-3	201-559-5	生殖毒性[REACH 第 57(c)条款]	用于树脂合成，用作韧化剂
直接红 28	573-58-0	209-358-4	致癌性[REACH 第 57(a)条款]	曾广泛用于棉、黏胶的染色，用作吸附指示剂，用于测定卤化物、硫氰酸盐和锌等；用作薄层色谱法测定硫代磷酸盐除草剂的显色剂；还用作生物染色剂
直接黑 38	1937-37-7	217-710-3	致癌性[REACH 第 57(a)条款]	主要用于棉、麻、黏胶等纤维素纤维的染色，也可用于蚕丝、锦纶及其混纺织物的染色，还可用于皮革、生物和木材的染色、塑料的着色及作为赤色墨水的原料等
亚乙基硫脲	96-45-7	202-506-9	生殖毒性[REACH 第 57(c)条款]	用作橡胶促进剂、镀铜光亮剂
醋酸铅(Ⅱ)	301-04-2	206-104-4	生殖毒性[REACH 第 57(c)条款]	主要用于生产硼酸铅、硬脂酸铅等铅盐的原料；在颜料工业醋酸铅与红矾钠反应，是制取铬黄(即铬酸铅)的基本原料；在纺织工业中，用作篷帆布配制铅皂防水的原料。在电镀工业中，是氰化镀铜的发光剂，也是皮毛行业染色助剂
磷酸三(二甲苯)酯	25155-23-1	246-677-8	生殖毒性[REACH 第 57(c)条款]	用作增塑剂

（11）REACH 法规第十一批 4 项 SVHC 清单

2014 年 6 月 16 日，欧洲化学品管理局正式公布第十一批 SVHC 清单共 4 项物质。

表 2.15　REACH 法规第十一批 4 项 SVHC 清单

物质名称	CAS 号	EC 号	最大限量 /ppm	用途
氯化镉	10108-64-2	233-296-7	1000	用于制造照相纸和复写纸的药剂、镉电池,还可用作陶瓷釉彩、合成纤维印染助剂和光学镜子的增光剂
邻苯二甲酸二（支链与直链）己酯	68515-50-4	271-093-5	1000	电线电缆、胶皮胶布、手套、鞋子、塑胶制品、食品包装、玩具等
过硼酸钠盐类	—	239-172-9; 234-390-0	1000	常用作阴丹士林染料显色的氧化剂,原布的漂白、脱脂,医药上用作消毒剂和杀菌剂,也可用作媒染剂、洗涤剂助剂、脱臭剂、电镀液的添加剂,分析试剂,有机合成聚合剂以及制牙膏、化妆品等
过硼酸钠	7632-04-4	231-556-4	1000	用作氧化剂、消毒剂、杀菌剂、媒染剂、脱臭剂、电镀溶液添加剂等

（12）REACH 法规第十二批 SVHC 清单

2014 年 12 月 17 日,欧洲化学品管理局正式公布第十二批 SVHC 清单;除此之外,对已有 155 项 SVHC 清单中 DEHP 的 SVHC 特性进行了更新,增加其为内分泌干扰物（环境激素又称内分泌干扰物,EDC）。

表 2.16　REACH 法规第十二批 SVHC 清单

物质名称	CAS 号	EC 号	SVHC 特性	常见用途
氟化镉	7790-79-6	232-222-0	致癌性（57a 条款）,致突变性（57b 条款）,生殖毒性（57c 条款）,对人体健康产生严重影响而引起与其他特性等同的关注（57f 条款）	磷光体、核反应堆中子吸收剂、有机合成和脱蜡的催化剂、NH_4ClO_4 的分解抑制剂,还可用于制荧光粉、玻璃、阴极射线管和激光晶体
硫酸镉	10124-36-4; 31119-53-6	233-331-6	致癌性（57a 条款）,致突变性（57b 条款）,生殖毒性（57c 条款）,对人体健康产生严重影响而引起与其他特性等同的关注（57f 条款）	塑料工业中用作聚氯乙烯的防老剂。电池工业中用作镉电池、韦斯顿电池和其他标准电池中的电解质。医药工业中用作角膜炎等洗眼水中的防腐剂和收敛剂。化学分析中,用作马氏试砷法中的催化剂,已用于检测硫化氢和反丁烯二酸;还用于标准镉元素和其他镉盐的制造。也用于镉肥生产
紫外线吸收剂 UV-320	3846-71-7	223-346-6	PBT（57d 条款）;vPvB（57e 条款）	用于塑料和其他有机物中,如不饱和聚酯、PVC、PVC 增塑等,属于光稳定剂
紫外线吸收剂 UV-328	25973-55-1	247-384-8	PBT（57d 条款）;vPvB（57e 条款）	适用于聚烯烃(特别是聚氯乙烯)、聚酯、苯乙烯类、聚酰胺、聚碳酸酯等聚合物
硫代甘醇酸异辛酯二正辛基锡 DOTE	15571-58-1	239-622-4	生殖毒性（57c 条款）	聚氯乙烯稳定剂,适用于硬质和软质制品,有一定的增塑作用
DOTE 和 MOTE 反应产物	—	—	生殖毒性（57c 条款）	塑料稳定剂

原清单已有物质属性条目更新见表 2.17。

表 2.17　原清单已有物质属性条目更新

物质名称	CAS 号	EC 号	SVHC 特性	常见用途
DEHP	117-81-7	204-211-0	对环境产生严重影响而引起与其他特性同等的关注	PVC 增塑剂,液压液体和电容器里的绝缘体

（13）最新 SVHC 清单

2015 年 6 月 15 日,欧洲化学品管理局正式公布最新的 SVHC 清单,共 163 项,相比 2014 年 12 月份发布的 161 项 SVHC 清单,新增 2 项内容,详见表 2.18。

表 2.18　最新 SVHC 清单(共 163 项)

名称	CAS 号	EC 号	主要用途
邻苯二甲酸二($C_6 \sim C_{10}$)烷基酯;(癸基、己基、辛基)酯与 1,2-邻苯二甲酸的复合物且邻苯二甲酸二己酯（EC 号 201-559-5）含量 $\geqslant 0.3\%$	68515-51-5 68648-93-1	271-094-0 272-013-1	主要用作塑化剂和润滑油,例如胶黏剂、建材、电缆膏、聚合物薄膜、PVC 混合物、雕塑黏土、指画颜料等
2-(2,4-二甲基-3-环己基)-5-甲基-5-(1-甲基丙基)-1,3-二氧噁烷[1]、2-(4,6-二甲基-3-环己基)-5-甲基-5-(1-甲基丙基)-1,3-二氧噁烷[2]及这两个物质的任意组合(卡拉花醛及其同分异构体,还包括卡拉花醛和其同分异构体的任意组合)			广泛应用于香水、肥皂、洗衣粉等日化产品;同时,它还具有出色的织物留香能力,被广泛用于香波和织物柔顺剂中

（14）REACH 法规第十四批 5 项 SVHC 清单

2015 年 12 月 17 日,第十四批 5 项 SVHC 正式生效。

表 2.19　REACH 法规第十四批 5 项 SVHC 清单

物质名称	CAS 号	EC 号	SVHC 特性	常见用途
硝基苯	98-95-3	202-716-0	生殖毒性(57c 条款)	生产其他物质
UV-327	3864-99-1	223-383-8	vPvB(57e 条款)	涂层、塑料、橡胶和化妆品的紫外线防护
UV-350	36437-37-3	253-037-1	vPvB(57e 条款)	涂层、塑料、橡胶和化妆品的紫外线防护
1,2-丙烷磺内酯	1120-71-4	214-317-9	致癌性(57a 条款)	锂电池的电解液
全氟壬酸及其钠盐和铵盐	375-95-1 21049-39-8 4149-60-4	206-801-3	生殖毒性(57c 条款) PBT(57d 条款)	含氟聚合物的生产助剂/润滑油添加剂/灭火器表面活性剂/清洁剂/纺织品防污整理剂/抛光表面活性剂/液晶显示面板防水剂

（15）REACH 法规第十五批 1 项 SVHC 清单

2016 年 6 月 20 日,第十五批 1 项 SVHC 正式生效。

表 2.20 REACH 法规第十五批 1 项 SVHC 清单

物质名称	CAS 号	EC 号	SVHC 特性	常见用途
苯并[def]菌（苯并[a]芘）	50-32-8	200-028-5	致癌(57a 条款) 致突变(57b 条款) 生殖毒性(57c 条款) PBT(57d 条款)	通常不是有意制造，但是可能作为组成成分或者其他物质的杂质存在

（16）REACH 法规第十六批 4 项 SVHC 清单

2017 年 1 月 12 日，第十六批 4 项 SVHC 正式生效。

表 2.21 REACH 法规第十六批 4 项 SVHC 清单

物质名称	CAS 号	EC 号	SVHC 特性	常见用途
4,4′-异亚丙基双酚（双酚 A）	80-05-7	201-245-8	生殖毒性(57c 条款)，对人类健康有严重影响而引起同等水平的关注(57f 条款)	生产聚碳酸酯、环氧树脂和化学品；环氧树脂的固化剂
全氟奎酸(PFDA)及其钠盐和铵盐	335-76-2 3830-45-3 3108-42-7	206-400-3 221-470-5	生殖毒性(57c 条款) PBT(57d 条款)	润滑剂、润湿剂、增塑剂及缓蚀剂
4-(1,1-二甲丙基)苯酚	80-46-6	201-280-9	对环境有严重影响而引起同等水平的关注(57f 条款)	生产化学品和塑料产品
4-庚基苯酚,直链和支链(苯酚的 4 号位被碳原子数为 7 的烷基取代的产物,包括 UVCB-、所有单一同分异构体及其组合)	—	—	对环境有严重影响而引起同等水平的关注(57f 条款)	生产聚合物；配制润滑剂

（17）REACH 法规第十七批 1 项 SVHC 清单

2017 年 7 月 7 日，第十七批 1 项 SVHC 正式生效。

表 2.22 REACH 法规第十七批 1 项 SVHC 清单

物质名称	CAS 号	EC 号	SVHC 特性	常见用途
全氟己基磺酸及其盐类(PFHXS)	—	—	vPvB(57e 条款)	尚未进行 REACH 注册。可被用作增塑剂、润滑剂、表面活性剂、润湿剂、缓蚀剂和灭火泡沫

（18）REACH 法规第十八批 7 项 SVHC 清单

2018 年 1 月 15 日，第十八批 7 项 SVHC 正式生效。

表 2.23 REACH 法规第十八批 7 项 SVHC 清单

物质名称	CAS 号	EC 号	SVHC 特性	常见用途
1,6,7,8,9,14,15,16,17,17,18,18-十二氯五环[12.2.1.16,9.02,13.05,10]十八碳-7,15-二烯（"Dechlorane Plus" TM）涵盖其任何单独的反式和顺式异构体或其任何组合	—	—	vPvB(第 57e 条)	用作非增塑阻燃剂,用于胶黏剂、密封剂和黏合剂

物质名称	CAS 号	EC 号	SVHC 特性	常见用途
苯并[a]蒽	200-280-6	56-55-3 1718-53-2	致癌(第57a条)	通常不是有意生产,而是作为其他物质中的成分或杂质
			PBT(第57d条)	
			vPvB(第57e条)	
碳酸镉	208-168-9	513-78-0	致癌(第57a条)	用于实验室化学品,生产玻璃和陶瓷
			致突变(第57b条)	
			反复接触后的特定目标器官毒性(第57f条——人类健康)	
氢氧化镉	244-168-5	21041-95-2	致癌(第57a条)	用作pH调节剂,用于水处理产品、实验室化学品、化妆品和个人护理产品
			致突变(第57b条)	
			反复接触后的特定目标器官毒性(第57f条-人类健康)	
硝酸镉	233-710-6	10022-68-110325-94-7	致癌(第57a条)	用于实验室化学品,用于生产电气电子和光学设备
			致突变(第57b条)	
			反复接触后的特定目标器官毒性(第57f条——人类健康)	
菌	205-923-4	218-01-9,1719-03-5	致癌(第57a条)	通常不是有意生产,而是作为其他物质的组分或者杂质
			PBT(第57d条)	
			vPvB(第57e条)	
1,3,4-噻二唑烷-2,5-二硫酮,甲醛和4-庚基苯酚(支链和直链)(RP-HP)的反应产物与≥0.1%(质量分数)的4-庚基苯酚,支链和直链(4-HPbl)	—	—	内分泌干扰特性(第57f条——环境)	用作润滑剂和润滑脂中的润滑剂添加剂

2018年6月27日,欧洲化学局(ECHA)将8项高度关注物质增加到SVHC清单中。此外,由于另两种物质TMA和DCHP,分别具有呼吸道感染属性和生殖毒性及内分泌干扰属性,分别于2018年4月19日和2018年4月25日被欧盟委员会确认为SVHCs,也被添加到SVHC清单中。至此,欧盟REACH法规SVHCs清单正式更新为191项。

新增10项SVHC物质信息见表2.24。

表 2.24 新增 10 项 SVHC 物质信息

物质名称	EC 号	CAS 号	可能用途
八甲基环四硅氧烷(D4)	209-136-7	556-67-2	用于洗涤和清洁产品、抛光剂、蜡、化妆品和个人护理产品
十甲基环五硅氧烷(D5)	208-764-9	541-02-6	用于洗涤和清洁产品、抛光剂、蜡、化妆品及个人护理用品、纺织品处理产品及染料
十二甲基环六硅氧烷(D6)	208-762-8	540-97-6	用于洗涤和清洁产品、抛光剂、蜡、化妆品和个人护理产品
铅	231-100-4	7439-92-1	用于金属、焊接和焊接产品、金属表面处理产品和聚合物

物质名称	EC 号	CAS 号	可能用途
八硼酸二钠	234-541-0	12008-41-2	用于防冻产品,传热流体、润滑剂和润滑脂、以及清洗和清洁产品
苯并[g,h,i]芘	205-883-8	191-24-2	未进行 REACH 注册。通常不是有意生产的,而是作为其他物质中的一种成分或杂质出现的
氢化三联苯	262-967-7	61788-32-7	用作塑料添加剂、溶剂、涂料/油墨、黏合剂和密封剂以及传热流体
乙二胺(EDA)	203-468-6	107-15-3	用于黏合剂、密封剂、涂料产品、填料、油灰、石膏、造型黏土、pH 调节剂及水处理产品
苯-1,2,4-三羧酸 1,2-酐(偏苯三酸)(TMA)	209-008-0	552-30-7	用于制造酯类和聚合物
邻苯二甲酸二环己酯(DCHP)	201-545-9	84-61-7	用于塑料溶胶、PVC、橡胶和塑料制品。还可用作有机过氧化物配方的减敏剂和分散剂

另外 2018 年 9 月 4 日,欧洲化学品管理局(ECHA)公布了 REACH 法规的 SVHC 新一批咨询清单,共 6 项物质。公众咨询已与 2018 年 10 月 19 日完成,预计将于年内正式生效。这些物质见表 2.25。

表 2.25　REACH 法规的 SVHC 新一批咨询清单

物质名称	EC 号/CAS 号	工业应用
4,4'-(1,3-二甲基丁基)二苯酚 2,2-bis(4'-hydroxyphenyl)-4-methylpentane	401-720-1/ 6807-17-6	用于生产热敏纸、聚合物、药物、杀虫剂、表面涂层、油墨、胶黏剂等
苯并[k]荧蒽 Benzo[k]fluoranthene	205-916-6/ 207-08-9	用于涂层、胶黏剂、道路和建筑应用、清洗剂
荧蒽 Fluoranthene	205-912-4/ 206-44-0	用于涂层、胶黏剂、道路和建筑应用、清洗剂
菲 Phenanthrene	201-581-5/ 85-01-8	用于涂层和涂料、道路和建筑应用、黏合剂或脱模剂、润滑剂、清洗剂
芘 Pyrene	204-927-3/ 129-00-0	用于涂层、道路和建筑应用、黏合剂或助剂、清洗剂
全氟己酸(PFHxA)及其铵盐(APFHx) Undecafluorohexanoic acid and its ammonium salt	206-196-6, 244-479-6/ 307-24-4, 21615-47-4	作为物品中的杂质或降解产物,作为先驱物用作表面活性剂或生产侧链含氟聚合物的单体

2.3

授权物质清单

最后更新于 2017 年 12 月 18 日。数据库包含 34 个独特物质/条目(见表 2.26)。

表 2.26 授权物质清单

物质	过渡期安排		豁免用途(类别)
	最迟申请日	截止日期	
二甲苯麝香 EC 号:201-329-4　CAS 号:81-15-2	2013-02-21	2014-08-21	—
4,4'-二氨基二苯基甲烷(MDA) EC 号:202-974-4　CAS 号:101-77-9	2013-02-21	2014-08-21	—
六溴环十二烷(HBCDD) EC 号:221-695-9, 247-148-4 CAS 号:3194-55-6, 25637-99-4 及其主要非对应异构体: α-六溴环十二烷 CAS 号:134237-50-6 β-六溴环十二烷 CAS 号:134237-51-7 γ-六溴环十二烷 CAS 号:134237-52-8	2014-02-21	2015-08-21	—
邻苯二甲酸(2-乙基)己酯(DEHP) EC 号:204-211-0　CAS 号:117-81-7	2013-08-21	2015-02-21	药品的最内层包装 1
邻苯二甲酸丁苄酯(BBP) EC 号:201-622-7　CAS 号:85-68-7	2013-08-21	2015-02-21	药品的最内层包装 1
邻苯二甲酸二丁酯(DBP) EC 号:201-557-4　CAS 号:84-74-2	2013-08-21	2015-02-21	药品的最内层包装 1
邻苯二甲酸二异丁酯(DIBP) EC 号:201-553-2　CAS 号:84-69-5	2013-08-21	2015-02-21	—
三氧化二砷 EC 号:215-481-4　CAS 号:1327-53-3	2013-11-21	2015-05-21	—
五氧化二砷 EC 号:215-116-9　CAS 号:1303-28-2	2013-11-21	2015-05-21	—
铬酸铅 EC 号:231-846-0　CAS 号:7758-97-6	2013-11-21	2015-05-21	—
铬橙(C.I. 颜料黄 34) EC 号:215-693-7　CAS 号:1344-37-2	2013-11-21	2015-05-21	—
钼铬红、钼红(C.I. 颜料红 104) EC 号:235-759-9　CAS 号:12656-85-8	2013-11-21	2015-05-21	—
三(2-氯乙基)磷酸酯(TCEP) EC 号:204-118-5　CAS 号:115-96-8	2014-02-21	2015-08-21	—
2,4-二硝基甲苯 EC 号:204-450-0　CAS 号:121-14-2	2014-02-21	2015-08-21	—
三氯乙烯 EC 号:201-167-4　CAS 号:79-01-6	2014-10-21	2016-04-21	—
三氧化铬 EC 号:215-607-8　CAS 号:1333-82-0	2016-03-21	2017-09-21	—
从三氧化铬中产生的酸和低聚物包括: 铬酸 EC 号:231-801-5　CAS 号:7738-94-5 重铬酸 EC 号:236-881-5　CAS 号:13530-68-2 铬酸与重铬酸的低聚物 EC 号:not yet assigned　CAS 号:not yet assigned	2016-03-21	2017-09-21	—

物质	过渡期安排		豁免用途（类别）
	最迟申请日	截止日期	
重铬酸钠 EC 号：234-190-3　CAS 号：7789-12-0,10588-01-9	2016-03-21	2017-09-21	—
重铬酸钾 EC 号：231-906-6　CAS 号：7778-50-9	2016-03-21	2017-09-21	—
重铬酸铵 EC 号：232-143-1　CAS 号：7789-09-5	2016-03-21	2017-09-21	—
铬酸钾 EC 号：232-140-5　CAS 号：7789-00-6	2016-03-21	2017-09-21	—
铬酸钠 EC 号：231-889-5　CAS 号：7775-11-3	2016-03-21	2017-09-21	—
1-溴丙烷 EC 号：203-445-0　CAS 号：106-94-5	2019-01-04	2020-07-04	—
邻苯二甲酸二异戊酯 EC 号：210-088-4　CAS 号：605-50-5	2019-01-04	2020-07-04	—
邻苯二甲酸二（$C_6 \sim C_8$ 支链）烷基酯,富 C_7 链 EC 号：276-158-1　CAS 号：71888-89-6	2019-01-04	2020-07-04	—
邻苯二甲酸二（$C_7 \sim C_{11}$ 支链）烷基酯 EC 号：271-084-6　CAS 号：68515-42-4	2019-01-04	2020-07-04	—
邻苯二甲酸二戊酯,直链和支链 EC 号：284-032-2　CAS 号：84777-06-0	2019-01-04	2020-07-04	—
邻苯二甲酸二甲氧基乙酯 EC 号：204-212-6　CAS 号：117-82-8	2019-01-04	2020-07-04	—
邻苯二甲酸二戊酯 EC 号：205-017-9　CAS 号：131-18-0	2019-01-04	2020-07-04	—
邻苯二甲酸正戊基异戊基酯 EC 号：—　CAS 号：776297-69-9	2019-01-04	2020-07-04	—
蒽油 EC 号：292-602-7　CAS 号：90640-80-5	2019-04-04	2020-10-04	—
高温煤焦油沥青 EC 号：266-028-2　CAS 号：65996-93-2	2019-04-04	2020-10-04	—
4-(1,1,3,3-四甲基)乙氧基苯酚（包括界定明确的物质以及 UVCB 物质、聚合物和同系物） 　EC 号：—　CAS 号：—	2019-07-04	2021-01-04	—
4-壬基乙氧基苯酚（苯酚的 4 号位被含有 9 个碳原子的直链或支链烷链取代,乙氧基化覆盖 UVCB 和明确的物质、聚合物和同系物,包括所有独立的同分异构体及其组合） 　EC 号：—　CAS 号：—	2019-07-04	2021-01-04	—

2.4
限制物质清单

为了反映 CLP 法规的最新变化，REACH 法规对附件ⅩⅦ限制物质清单进行修订。附件ⅩⅦ限制物质清单中第 28～30 条被归类为致癌、致突变、致生殖毒性（CMR）1A 类和 1B 类的物质，禁止被投放市场或用于供应普通公众（除特殊情况外）。

在 2017 年 8 月 31 日，欧盟官方公报发布法规（EU）2017/1510，REACH 法规（EC）No1907/2006 附件ⅩⅦ限制物质清单新增 23 项 CMR 物质（见表 2.27），并针对之前的 2 项 CMR 物质信息进行了更新。

表 2.27　限制物质清单

物质名称	索引号	EC 号	CAS 号	实施时间
1,2-二氯丙烷	602-020-00-0	201-152-2	78-87-5	2018-03-01
具有代表性组成的玻璃纤维	014-046-00-4	—	—	2018-03-01
3,7-二甲基-2,6-辛二烯腈	608-067-00-3	225-918-0	5146-66-7	2018-03-01
溴鼠灵	607-172-00-1	259-980-5	56073-10-0	2018-03-01
铅粉（粒径＜1mm）	082-013-00-1	231-100-4	7439-92-1	2018-03-01
铅粉（粒径≥1mm）	082-013-00-7	231-100-4	7439-92-1	2018-03-01
四氢-2-呋喃甲醇;四氢糠醇	603-061-00-7	202-625-6	97-99-4	2017-09-20
砷化铱	031-001-00-4	215-114-8	1303-00-0	2017-09-20
三丁基镉化物（本附件其他地方已经包含的三丁基镉化物除外）	050-008-00-3	—	—	2017-09-20
1,2-苯二甲酸二己基酯（含支链和直链）	607-710-00-5	271-093-5	68515-50-4	2017-09-20
咪唑	613-319-00-0	206-019-2	288-32-4	2017-09-20
双酚 A;4,4'-异亚丙基联苯酚	604-030-00-0	201-245-8	80-05-7	2018-03-01
十二烷基苯酚.支链[1] 2-十二烷基苯酚.支链[2] 3-十二烷基苯酚.支链[3] 4-十二烷基苯酚.支链[4] 四丙烯基苯酚衍生物[5]	604-092-00-9	310-154-3[1] 310-154-3[2] 310-154-3[3] 310-154-3[4] 310-154-3[5]	121158-58-5[1] 121158-58-5[2] 121158-58-5[3] 055-94-5[4] 74499-35-7[5]	2018-03-01
氯鼠酮	606-014-00-9	233-003-0	3691-35-8	2018-03-01
杀鼠醚	607-059-00-7	277-424-0	5836-29-3	2018-03-01
鼠得克	607-157-00-×	259-978-4	56073-07-5	2018-03-01
氟鼠酮	607-375-00-5	421-960-0	90035-08-8	2018-03-01
氧化硼钠[1] 四水八硼酸二钠[2]	005-020-00-3	234-541-0[1] 234-541-0[2]	12008-41-2[1] 12280-03-4[2]	2018-03-01
溴敌隆	607-716-00-8	249-205-9	28772-56-7	2018-03-01

物质名称	索引号	EC 号	CAS 号	实施时间
噻鼠灵	607-717-00-3	—	104653-34-1	2018-03-01
全氟壬酸[1] 钠盐[2] 铵盐[3]	607-718-00-9	206-801-3[1] 206-801-3[2] 206-801-3[3]	375-95-1[1] 21049-39-8[2] 4149-60-4[3]	2018-03-01
邻苯二甲酸二环己酯	607-719-00-4	2001-545-9	84-61-7	2018-03-01
氟菌唑	612-289-00-6	—	68694-11-1	2018-03-01

此外，还对华法林、丙炔氟草胺 2 项 CMR 物质信息进行了更新。

2018 年 4 月 19 日，欧盟官方公报发布指令（EU）No2018/588 和（EU）No2018/589，在 REACH 法规附件 XⅦ 中新增 N-甲基吡咯烷酮（NMP）和甲醇的相关条例。

REACH 法规附件 XⅦ 中新增条目见表 2.28。

表 2.28　REACH 法规附件 XⅦ 中新增条目

序号	化学物质	限制条件
69	甲醇 CAS 号 67-56-1 EC 号 200-659-6	在 2018 年 5 月 9 日之后，不得在挡风玻璃清洗液或除霜液中将浓度（以质量计）等于或大于 0.6% 的产品投放市场供应给普通民众
71	N-甲基吡咯烷酮（NMP） CAS 号 872-50-4 EC 号 212-828-1	1. 除非制造商、进口商和下游用户已在相关的化学品安全报告（CSR）和安全数据（SDS）中列入［派生的无效应水平（DNELs）为工作人员的吸入量低于 14.4mg/m³ 和皮肤接触量低于 4.8mg/(kg·天)］，否则不得在 2020 年 5 月 9 日之后使用浓度等于或大于 0.3% 的该物质或其混合物投放市场 2. 除非制造商和下游用户采取适当的风险管理措施并提供适当的操作条件，以确保工作人员的接触量低于第 1 条规定的 DNEL，否则不得在 2020 年 5 月 9 日之后使用浓度等于或大于 0.3% 的该物质或其混合物进行生产或使用 3. 作为豁免，第 1 款和第 2 款中规定的义务应从 2024 年 5 月 9 日起适用于投放市场使用或用作涂布电线过程中的溶剂或反应物

其他限制物质清单可查询欧洲化学品管理局网站，网址：https://echa.europa.eu/substances-restricted-under-reach。

2.5
关于截止日期

2.5.1　欧洲化学品管理局关于注册最后截止日期提醒

REACH 的最后一个注册截止日期为 2018 年 5 月 31 日，企业务必及时提交注册卷宗，欧洲化学品管理局、各成员国以及行业协会将会尽力协助企业及时完成注册。

据赫尔辛基 2018 年 5 月 28 日，欧洲化学品管理局官网消息：5 月 31 日是企业提交 1～100 吨/年现有物质的最后截止日期，即年生产或进口量超过 1 吨的现有物质需要在 5 月 31 日之前提交注册卷宗。 该截止日期在欧盟 REACH 法规中明确列出：若企业有义务完成 REACH 注册，但是未能在 5 月 31 日注册截止日期前提交注册卷宗，那么这些企业自 2018 年 6 月 1 日起就不能在欧盟/欧洲经济区境内合法地生产或进口物质。

欧洲化学品管理局提醒所有的注册者，各成员国执法部门都有职责和权利审查欧盟/欧洲经济区企业的 REACH 合规注册情况。 REACH 注册截止日期后，各成员国执法部门将会在欧洲境内开展执法行动。 这些行动包括：①2019 年 REACH-EN-FORCE 项目（REF-7）；②与海关合作核实从事生产或进口化学品企业的注册情况。在监管过程中，执法部门会利用一切获取的公司注册信息，包括注册卷宗的提交日期等确认物质注册情况。

为保证企业及时提交注册，欧洲化学品管理局将会为企业提供帮助，直到最后一刻。

提醒没有注册的企业要抓紧时间注册，要在 2018 年 5 月 31 日前完成注册，且 2018 年 5 月 31 日所有物质预注册均已到期，只能完成正式注册后才能制造或进口。

2.5.2　2018 年 5 月 31 日后 REACH 注册进入新时代

随着 2018 年 5 月 31 日 REACH 最后一个注册截止期的到来，共计 21551 个现有物质完成了注册，表明 REACH 现有物质的注册已经暂时告一段落，但并不意味注册工作的结束，后续还将面临卷宗审查，物质评估，新物质注册，ESDS 制作等大量的工作，注册完成意味着合规工作刚刚起步。

由于持续 10 年的过渡期已经结束，任何需要生产或进口超过 1 吨/年化学物质的企业都必须完成 REACH 注册，才能将物质投放欧盟/欧洲经济区。 同时，已经完成注册的企业也需要及时更新物质信息，并向欧洲化学品管理局反映相关信息，包括生产的吨位、新的用途以及最新的安全使用建议。

目前，欧洲化学品管理局掌握了大量在欧盟境内生产或进口的化学物质资料，这些资料将为保护居民和环境免受化学物质的风险打下基础。 欧洲化学品管理局、欧盟成员国以及欧盟委员会将会参考这些物质资料，采取必要措施，包括限制或授权特定化学物质的使用。

欧洲化学品管理局将会对注册的完整性进行审核，这一审核将持续到 2018 年 8 月 31 日。

若欧洲化学品管理局发现企业卷宗的信息有缺失，欧洲化学品管理局将会为企业分配注册号或将这一情况通知企业。 在大多数情况下，遇到未解决的注册案例，欧洲化学品管理局将会审核物质的完整性或等待企业支付注册费用。

随着注册工作的逐步结束，另一波工作包括卷宗更新、卷宗审核、物质评估、ESDS 制作等工作需要企业逐一完成。 完成注册只是合规工作的第一步，未来更多需要唯一代表和企业互相配合，才能保证该物质可以直接投放欧盟市场。

2.6
英国脱欧的影响及应对

英国和欧盟于 2018 年 3 月 19 日就英国脱欧后的过渡期达成协议，即英国将自 2019 年 3 月 30 日正式进入脱欧过渡期，过渡期将持续至 2020 年 12 月 31 日。

英国政府于 2018 年 3 月 29 日发布了一份 REACH 指南。这份指南将适用于脱欧后英国与欧盟没有达成相关贸易协定的情形。该文件阐明：若没有相关贸易协定，英国政府会发布本土法规替代欧盟的法规；英国政府还将会发布一份国家法规框架，并在国内建立相关机构执行现行 REACH 法规下欧洲化学品管理局（ECHA）的职能。

英国政府 2018 年 9 月 24 日表示，英国本土的替代法规仅在 REACH 法规的基础上进行技术变更，尽可能地保留欧盟 REACH 法规的内容。包括将英国企业持有的现有 REACH 注册直接转入英国的 REACH 替代法规中，即特权注册；将所有英国企业在欧盟 REACH 下获取的 SVHC 物质的授权，在英国的 REACH 替代法规中依然有效等内容。

欧洲化学品管理局（ECHA）指出英国（含爱尔兰）唯一代表所做的注册自 2019 年 3 月失效，之后唯一代表必须来自欧盟。我国企业已经完成正式注册且唯一代表在英国境内的，更换唯一代表是当务之急，且需要支付一笔行政费用。如果企业已经以英国进口商的身份完成了正式注册，可以考虑采用 legal entity change（变更法律实体）方式，将注册号转移给别的企业。同时，各企业要时刻关注和遵循英国本土的化学品法规，以免贸易受阻。

3

企业注册及后续应对

3.1
化学物质注册流程

根据法规要求，结合已完成注册企业注册过程中的经验教训和对法规的理解，我们整理了化学物质的一般注册流程（详见图 3.1～图 3.3）。

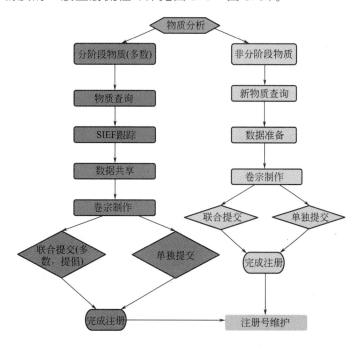

图 3.1　物质注册一般流程

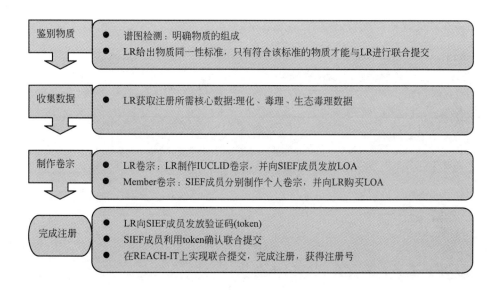

图 3.2　分阶段物质购买 LOA 注册流程

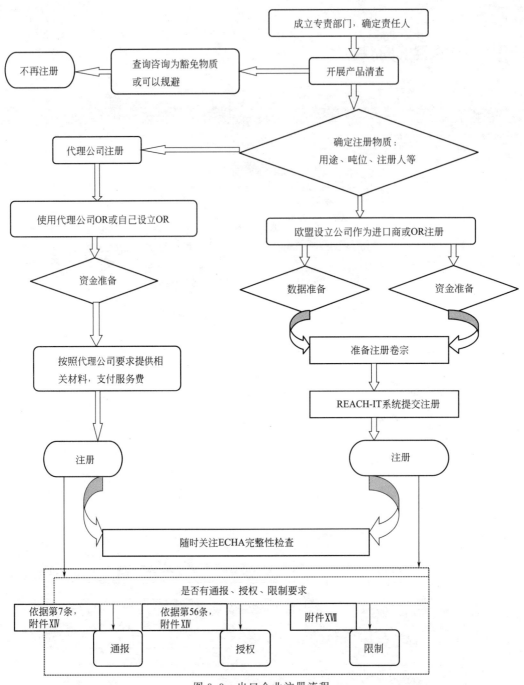

图 3.3 出口企业注册流程

3.1.1 准备注册

（1）思想准备：高度重视，快速高效

产品注册是进入欧盟市场的入场券，拿到入场券后也不是"一劳永逸"。 对于本

企业产品中的化学物质清单，无法豁免或规避的，必须要进行注册。 能否按期进行注册关系到欧盟市场的去留问题，同时该法规也代表了世界化学品管理的国际趋势，也要注重从中积累经验、教训、化学品数据等。 这就要求企业管理决策人员和外贸人员要充分认识注册的重要性。 对于作为绝大多数的分阶段物质来说，因购买数据授权信（LOA）注册比较方便快捷，成为国内企业注册的主要形式。

（2）人员准备：成立专责部门，确定责任人

在以往的工作中，不少企业由于缺乏对法规的理解和注册重要性的认识，往往仅指定1~2名人员负责此事，其余均交给代理公司，存在着注册完成就是"船到码头车到站"，就可以"一劳永逸"的观念，导致企业从根本上仍缺乏对法规的全面认识，对注册后出现的问题无所适从，只能全权交由代理公司或其他利益无关方处理，甚至出现了领头注册人纠纷问题。 因此，在决定进一步了解，并开展注册相关咨询时，最好成立专门部门，集合公司生产、外贸专业人员至少2~3人，确定一名责任人，并集中一段时间开展法规对本企业产品要求研究。

（3）产品准备：清查产品，确定物质

法规的注册对象是化学物质，这些化学物质可能包含于物质、配制品、有意释放的产品中。 这就要求公司注册前要对自己的产品进行清查：我的产品包括哪些化学物质？ 这些化学物质的用途是什么？ 这些化学物质哪些需要注册，哪些不需要注册？ 这些化学物质一年输往欧盟大概有多少吨？ 这些化学物质相同用途欧盟是否已有企业完成注册？ 通过清查，最终确定公司需要注册的化学物质和吨量级，没有注册过的，要进行领头注册。

（4）资金数据准备：清查数据，储备资金

化学品理化、毒理学、生态毒理学数据是进行注册的关键，也是注册费用中一般占比最高的几项，对于已经存在领头注册人的物质，这些数据和来源都已经明确，企业可通过购买LOA方式直接完成注册，一般价格比较明确；没有领头注册人的物质，企业可以以领头注册人方式完成注册，要根据法规的要求，根据注册不同吨量级要求，开展数据缺口分析，通过向数据持有人购买数据和寻找GLP实验室进行实验等方式补充数据缺口，最终完成注册。 注册费用高昂是法规的重要特征，根据吨量级和产品数据的不同，一般情况下，数据费确定后，再加上相应行政费及其他杂费、代理服务费（如需要），就可大致估算出注册费用。 企业要通过自有资金、融资等方式，提前做好注册资金的准备。

（5）注册人准备：结合实际，选定注册人

由于法规规定只能由欧盟境内的法人或自然人进行注册，非欧盟国家一般只能通过进口商、在欧盟设立公司、指定唯一代表（OR）进行注册，三种方式各有利弊，企业要结合自己产品和企业实际，合理确定注册人。

（6）注册卷宗准备

判断物质属于中间体或常规物质。 如果属于中间体，且其使用是在严格控制的条件下进行的，可以根据对中间体的规定，在技术卷宗中提交相对较少的信息。 而如果物质属于常规物质，则应根据标准技术卷宗进行提交。 注册人在收集物质的信息，并对物质的信息进行评价的基础上，可以使用欧洲化学品管理局推荐的 IUCLID 6 软件，中小企业也可使用免安装的 IUCLID Cloud，编写注册技术卷宗（和化学品安全报告）。

3.1.2　注册

撰写完注册卷宗（和化学品安全报告）后，在设定的时间内通过法规搭建的 IT 系统将注册卷宗提交到欧洲化学品管理局（网址 https://reach-it.echa.europa.eu/reach/，通常在周末和公众假期期间关闭，请从赫尔辛基时间星期一 10：00 到星期五 21：00 进行提交）。 系统将自动指定一个提交号和提交日期，并将提交号和提交日期立即通知相关注册人，该提交号将用于相关卷宗的相关事宜，该提交号将一直使用到该注册完成之后，提交号将被注册号取代。

3.1.3　完整性检查

欧洲化学品管理局收到注册卷宗后，将对卷宗进行完整性检查。 如果检查结果表明注册卷宗不完整，欧洲化学品管理局应在完整性检查期限结束之前，将需要提交的信息及合理的截止期限通知注册人。 注册人必须在截止日期之前提交进一步的信息，提交之后，欧洲化学品管理局将再用 3 周的时间进行完整性检查。

完整性检查包括截然不同的两部分。

① 技术完整性检查：目的是检查根据吨位需要提交的资料是否完整，主要是注册卷宗、注册卷宗更新和 PPORD 通报的完整性检查，只从框架上检查技术卷宗、附件Ⅶ～Ⅹ中要求的信息及 CSR 是否根据要求提供，不包括对数据质量、充分性及相关理由的审核。

② 资金完整性检查：是否足额缴纳行政费用。

进行了预注册的分阶段物质，注册人在注册截止期限前 2 个月内提交注册卷宗时，欧洲化学品管理局将在注册截止期限后 3 个月内完成完整性检查。

如果检查结果表明注册卷宗不完整，欧洲化学品管理局将在完整性检查期限结束之前，将需要提交的信息及合理的截止期限通知注册人。 注册人必须在此截止日期之前提交进一步的信息，提交之后，欧洲化学品管理局将再用 3 周时间进行完整性检查。

如果注册人未在设定期限内提交进一步的信息，注册将被拒绝。 如果卷宗符合信息要求，即通过了完整性检查，欧洲化学品管理局将为相关的物质指定注册号和注册日期（同提交日期），并将注册号和注册日期通知相关注册人。 注册卷宗的完整性检查完成之后，欧洲化学品管理局将把提交号（或注册号）、提交日期（或注册日期）、完整性检查的结果在提交日期 30 天内提交到相关成员国的管理机构。

3.1.4 注册完成，开始/继续出口

① 未进行预注册或非分阶段物质，注册人提交注册卷宗后，如果 3 周内没有接到欧洲化学品管理局作出的拒绝注册的指示，则可以开始向欧盟出口。 这种情况很少出现。

② 完成预注册的分阶段物质，注册人可以在提交卷宗 3 周内，如果没有接到欧洲化学品管理局作出的拒绝注册的指示，则可以继续向欧盟出口。

③ 如果完成预注册的分阶段物质在注册截止期限前 2 个月内提交的，在注册截止期限 3 个月内，如果没有接到欧洲化学品管理局作出的拒绝注册的指示，则可以继续向欧盟出口。

④ 如果提交的是对已有注册的更新，在提交更新后 3 周内，如果没有接到欧洲化学品管理局作出的拒绝注册的指示，则可以继续向欧盟出口。

⑤ 在完整性检查中，注册人被要求提交进一步信息的，在提交补充信息后 3 周内，如果没有收到拒绝指示，则可以开始向欧盟出口。

⑥ 联合注册时，领头注册人代表一个或多个注册人提交了部分信息，在 3 周（或 3 个月）内，如果欧洲化学品管理局未拒绝领头注册人提交的注册，则可以在完整性检查期限过后开始/继续出口。

3.1.5 通报的流程及关键点

根据法规第 7（2）条的规定，如果物品中的物质被确定为高关注度物质，且满足一定条件，该物品的制造商或进口商需就该物质向欧洲化学品管理局通报，以此保证来自高关注度的风险得到恰当控制，实现法规中关于保护人类健康和环境的最终目的。

自 2011 年 6 月 1 日起，在物质被列入 SVHC 清单 6 个月内，企业需向欧洲化学品管理局通报，通报的内容包括：

① 生产商或进口商的身份和联系方式；
② 若已经注册，提供注册号；
③ 物质特征信息，包括名称、EC 号、CAS 号、分子式、成分等；
④ 物质的分类与标记；
⑤ 物品中物质的用途和物品用途简述；
⑥ 物质的吨数范围。

对于通报义务，企业一是要在思想上高度重视，清查产品中物质成分及浓度、含量，及时收集通报需要提交的信息。同时还要时刻关注候选物质清单的更新，做好替代方案和申请授权准备工作。可替代物质可在国际化学品秘书处官网通过化学品CAS 号、EC 号等信息直接搜索，网址：http://sinlist.chemsec.org/search/search?query＝。

3.1.6 限制义务流程及关键点

限制涉及的物质及相关的限制条件均列在法规文本附件ⅩⅦ中。截至目前，法规中的限制措施共涉及 59 类物质，覆盖纺织、印染、玩具、化工、家电等诸多行业和产品。欧盟委员会将根据新的科学技术和发展情况，不断更新该列表。根据法规规定，在具备正当理由的情况下，物质自身、配制品或物品中的物质都可能受制于限制。

产生限制程序主要有以下几个步骤：

① 成员国向欧洲化学品管理局通报预启动限制提案的意愿；在 REACH-IT 上公布；

② 编制附件ⅩⅤ卷宗；通报 12 个月内完成；

③ 对限制提案的评议；第三方 8 个月内形成评议意见；

④ 欧盟委员会准备限制修订草案；三个月内准备；

⑤ 正式通过限制；45 天公开评议期。

关于限制业务，企业一是要了解限制程序的整个过程及相关的主要时限，适时抓住动态中的关键点，及时捕捉重要信息；二是适时跟踪法规附件ⅩⅦ的更新和修订情况，明确限制措施实施的范围和条件；三是及时做好产品清查；四是尝试替代受监管化学物质。

3.2
企业后续应对

3.2.1 导致企业注册号作废的几种情况

随着欧盟 REACH 法规预注册最后一个缓冲期的结束，大量的中国企业纷纷通过唯一代表（OR）完成了 REACH 注册，那么企业的注册号是否永久有效呢？以下存在的少数情况可能会导致企业的注册号作废，需要企业特别关注。

（1）SME 审查未通过

企业在提交注册卷宗的时候以 SME（中小微型企业）形式提交，在后期欧洲化学品管理局审查 SME 状态的时候，企业无法提供相关资料或者相关资料表明企业并不满足 SME 条件，欧洲化学品管理局将采取处罚措施，包括征收 2 万欧元左右的罚款以及补交行政费差价。 企业如果拒绝支付相关费用，则欧洲化学品管理局可采取取消注册号的方式，并通知相关国家的主管机构。 在这种情况下，注册号就会失效。

（2）卷宗审查未通过

企业的卷宗提交后，欧洲化学品管理局后续将对卷宗的数据进行评估，包括测试计划（TP）的开展、QSAR 和 Read-across 的合理运用、数据节点的豁免理由等进行审核，并规定一个时间期限让企业自行更新卷宗。 如果企业届时不主动配合更新，也不及时向欧洲化学品管理局反馈进展，这些卷宗将因处于不完整状态而被退回，导致企业原有的注册号失效。

（3）未应对 Corap 计划

Corap 全称是 Community rolling action plan，指欧洲化学品管理局和成员国根据以下标准，从注册物质中挑选出一些物质进行物质评估，由成员国在几年内完成：
① 怀疑 PBT/vPvB 类物质；
② CMR 物质或者被怀疑是 CMR 的物质；
③ 致敏物质或者被怀疑致敏的物质；
④ 吨位高或具有广泛分散性用途等的物质。
一旦进入 Corap，意味着这些物质需要提供更多的信息来阐明没有相关危害或者风险可控，通常需要开展一些附件Ⅸ或者Ⅹ的数据，甚至会超出 REACH 基本数据要求之外。 目前业内通常的应对方法由 LR 和欧洲化学品管理局/成员国沟通，需要开展的测试费用和管理费用由 SIEF 成员共同分摊。 需要注意的是，只要注册者收到欧洲化学品管理局的决议，无论注册吨位或者注册类型，都需要应对。 如果企业拒绝支付相关费用，LR 可以向欧洲化学品管理局提出该成员不愿意应对 Corap 计划，欧洲化学品管理局可以采取措施，取消企业注册号。

3.2.2 影响企业出口的几种情况

以下几种情形虽然不会导致注册号失效，但会极大地影响企业的出口情况，也需要引起企业特别关注。

（1）物质进入授权清单

企业的产品被列入授权清单，除了应对注册外，该物质还必须在截止日期前供应链上有行为人完成授权，才能保证产品可以进入欧盟市场。 否则，即使企业完成注册，如果供应链上没有人完成授权，该物质在截止日期后也不能合法进入欧盟市场。另外，授权物质完成授权后一般在 7 年后会进行复审，如果有可替代的更为安全的产品，官方会鼓励采用替代产品并将授权的物质逐步淘汰出欧洲市场。

（2）物质进入限制清单

企业的产品被列入限制清单，由于限制是针对用途，会导致该物质的很多用途不被允许。以富马酸二甲酯（DMF）为例，其限制要求为：物品及物品中任一成分DMF含量超过 0.1mg/kg 不得投放市场。意味着，如果用 DMF 对物品进行加工，只要残留浓度超过 0.1% 就不允许投放市场，极大地限制了该物质在欧盟的使用，这也导致企业减少使用或者使用替代品来合规。

（3）受 BPR 法规管辖的物质

如果企业的产品同时也是 BPR 法规的活性物质，意味着该物质有生物杀灭剂的用途，如用于诸如泳池消毒、消毒用洗手液或用于防腐剂等。在这种情况下，企业应和进口商保持密切联系，看进口商是否会提出额外要求，诸如加入 Article 95 清单等。在明确其为生物杀灭剂用途的情况下，仅仅完成 REACH 注册对于活性物质是无效的，只有加入 BPR Article95 清单才是合规方式。

3.3
SVHC通报的流程及关键点

3.3.1 SVHC 定义

根据 REACH 法规第 57 条，物质具有一项或多项以下危险特性时，被定义为SVHC（即 Substances of Very High Concern）物质并列入授权物质候选清单。

① 具有致癌性、致突变性或生殖毒性（CMR）1A 类或 1B 类（REACH 法规附件 I 第 3.6 部分）；

② 持久性、生物累积性和毒性（PBT）物质或高持久性、高生物累积性（vPvB）物质（REACH 法规附件 VIII）；

③ 有科学证据表明可能对人类健康或环境造成严重影响，从而引起同等程度危害的物质［REACH 法规第 57（f）条］，例如内分泌干扰物质。

3.3.2 候选清单（Candidate List）介绍

根据 REACH 法规第 59 条，SVHC 物质是由欧洲化学品管理局的成员国提出，经公众评议和成员国委员会投票同意后，加入 SVHC 物质清单，这些物质按照欧盟REACH 法规实施较为严格的管理。SVHC 清单是授权物质的候选物质，所以官方又称之为候选清单。依据 REACH 法规第 59 条（SVHC 鉴定）建立候选物质清单。

一旦确认是 SVHC 物质将会列入候选清单内，欧洲化学品管理局大约每 6 个月更新一次，通常会在每年的 6 月和 12 月各更新一次。 当欧洲化学品管理局网站上增加新的物质到候选清单时，企业应立刻承担以下法律义务（REACH 法规第 7、31、33 条）。

注：每个候选清单列表条目同时涵盖物质的无水和水合形式。通常条目中列出的 CAS 号是物质的无水形式。水合形式下的其他 CAS 号仍在该条目的范围内。EC 号和 CAS 号一栏中带有"—"的条目，通常是多组分物质，可以通过该条目的"详细信息"查看组分信息。

3.3.3 通报要求

根据 REACH 法规第 7（2）条，同时满足以下三个条件时，生产商和进口商包括 OR 必须向欧洲化学品管理局进行 SVHC 通报。
① 物品中的物质列入 SVHC 清单；
② 物质在物品中的质量分数 ≥0.1％；
③ 物品中含有该物质的总量 ≥1 吨/年。

注：2010 年 12 月 1 日前列入候选清单中的物质，在 2011 年 6 月 1 日前完成通报，2010 年 12 月 1 日后列入候选清单中的物质，必须在列入后的 6 个月内完成通报。一个通报对应一个物质，如果生产或进口的产品中含有多个列入清单中的物质，应当对每个物质进行单独的通报，如果不同的物品中含有相同的 SVHC 物质，按照一个通报提交即可。非欧盟生产商可以委托唯一代表（OR）来提交 SVHC 通报。

3.3.4 信息传递

化学品安全技术说明书（SDS）是 REACH 中主要的信息传递部分，贯穿于整个供应链上。 相比之下，物品中物质的信息传递则没有固定的模板且更加具有针对性。 传递的信息必须考虑到物品的整个生命周期内的使用情况，例如：使用说明和包装；标签信息；由行业协会或当局制定的通用格式标准；物品的进一步加工和组装；物品的包装（重新包装）和储存；包括安装和维护在内的物品的工业的、专业的及消费者的最终用途。 需要传递的对象不同，则提供的信息也不同。

同时满足以下两个条件时，生产商和进口商应向接受者或消费者提供充分的信息，以确保物品的安全使用。
① 物品中的物质列入 SVHC 清单；
② 物质在物品中的质量分数 ≥0.1％。

注：接受者应是指工厂、专业用户和经销商，而不包括消费者。当消费者要求提供信息时，供应商应在 45 天内免费提供相关信息。如果供应商可以排除在正常或可合理预见的条件下使用（包括处置）时对人类和环境的暴露，此时传递信息应至少包括 SVHC 物质的名称。

3.3.5 豁免通报

根据 REACH 法规第 7（6）条，以下两种情况下不需要进行通报。

① 物品的生产商或进口商在正常或可合理预见的条件下使用（包括处置），可以排除对人类和环境的暴露。 这种情况下，生产商或进口商应向物品的接受者提供适当的说明。

② 物质在物品中的用途已被欧盟制造商或进口商注册。

多数情况下，物品的生产商可以从其供应链上获取用途信息，而进口商却很少能获取相关注册用途。 实际上，证明"无暴露"或"用途一致"要比直接通报所花的成本更高也更困难，建议直接进行通报。

3.3.6 通报的流程

（1）是否需要通报

通报前需要判断生产或进口的产品是否需要进行 REACH 法规下的通报义务。如图 3.4 所示，首先判定产品是否符合物品的定义。 物品是指在生产过程中获得的特定的形状、外观或设计在实现其最终功能时起到大于其化学成分的作用。 再确定物品中是否含有候选清单中的物质，含有候选清单中物质的物品，检查是否需要信息传递和通报。 若物品中含有有意释放的物质时，还要判断是否需要应对注册的义务。 具体通报判定流程见图 3.4。

（2）准备材料

① 通报者的标识信息，如：名称和联系方式等（具体信息可参照法规附件Ⅵ，其自用场所除外）；

② 通报者在供应链中的角色；

③ 物质的确认信息，如：物质名称、EC 号、CAS 号、类型（物质/混合物）、成分/组成信息等；

④ 物质的注册号（如果有的话）；

⑤ CLP 法规下物质的分类信息；

⑥ 生产商应提供生产所在地；

⑦ 简要说明物质在物品中的用途和物品的用途；

⑧ 物品中物质的吨位区间，即 1～10 吨、10～100 吨、100～1000 吨、≥1000 吨。

（3）提交通报

物品中物质的通报通过 REACH-IT 平台提交，有以下两种方式。

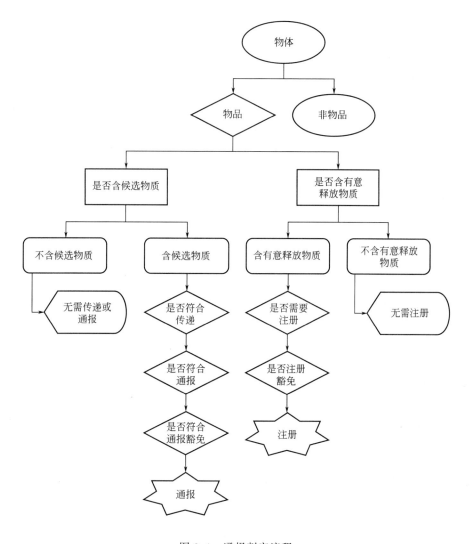

图 3.4　通报判定流程

① 通过 REACH-IT 在线提交　建议所有通报提交者采用这种方法，尤其建议对 IUCLID 软件操作不熟悉的人员。

② 制作 IUCLID 卷宗并通过 REACH-IT 上传提交　建议 IUCLID 的熟练用户采用这种方法，想提交不同物质识别成分、分类和标签信息的用户也强烈建议使用这种方法。 此外，如果要对被视为机密的信息之外的部分通报信息保密（参见 REACH 第 118 条），也建议通过本方式提交。

以上两种方法都需要一个有效的 REACH-IT 账号才可以提交通报，在选择合适的通报人身份后，选择登陆 REACH-IT 并选择"提交卷宗"（登录页面或菜单），从卷宗类型列表中选择"物品中的物质"，选择上传 IUCLID 卷宗；或在 REACH-IT 中在线制作通报，按照提示说明提交通报。 提交完成后，可通过 REACH-IT 系统的提交或物质界面查看提交状态。 如果想更新通报，必须在 REACH-IT 参考编码（ref-erence number）的页面才可以进行更新通报。 提交通报之后，如有信息变更，通报者应立即更新通报。

另外，需要注意的是，物品的包装在 REACH 法规下被定义为物品之外的另一个物品，需要与其包装的物品分开评估。

3.4
授权的义务流程及关键点

3.4.1 授权通用要求

为了保证高关注度物质的风险得到控制，在欧盟范围内逐步淘汰这些高风险物质，用适合的替代物或者技术来替代这些高风险物质，同时又不影响正常的生产、贸易等活动，欧盟采用授权的方式来管理高风险物质，提出 REACH 法规附件 ⅩⅣ 作为授权清单，针对所有列入该清单的物质，无论是以物质形式还是混合物形式，最终需要完成授权才能出口到欧盟。基于此，所有提出授权申请的制造商、进口商和下游用户在提交申请的时候，必须分析当前替代技术的可行性，以及替代物的技术和经济可行性。

3.4.2 授权豁免范围

对于用于科学研究和研发为目的的物质，可以直接豁免授权。除此之外，以下用途可以豁免授权：

① 在 91/414/EEC 指令范围内的植物保护产品的使用；
② 在 98/8/EC 指令范围内的生物杀灭剂的使用；
③ 98/70/EC 号欧洲议会和欧盟理事会指令所涵盖的汽车燃料；
④ 用作矿物油产品的移动或固定燃料设备的燃料和用于闭合系统中的燃料。

此外，对于仅仅因 CMR 分类被列入授权清单的物质，或者仅仅因对人类健康存在危险而根据 REACH 法规第 57（f）项被确定为需要授权的物质，以下两种用途可以豁免授权：

① 用于 76/768/EEC 指令范围内的化妆品；
② 用于 1935/2004EC 法规内的食品接触材料。

3.4.3 候选物质清单与授权清单关联

在之前的章节中提到，为了建立授权清单，应先建立候选物质清单。建立此清单的目的就是为了从中选出物质进入最终的授权清单。因此，所有的授权清单上的物质都来自候选物质清单。与候选物质清单不同的是，授权清单不仅仅只有清单的信息，更重要的是还应包括以下内容：

① 物质特性；

② CMR／PBT／vPvB／内分泌紊乱剂等特性；

③ 过渡性安排

规定的截止日期（见下文解释）；

最迟申请日期（见下文解释）；

某些用途的复审周期；

可豁免授权要求的用途以及豁免的条件。

因此，进入候选物质清单的物质面临义务相对较少，企业只要注意物质是否进入清单，如果进入，在物品中是否超过 0.1％即可；而进入授权清单，则意味着这个物质将在欧盟层面上逐步被淘汰，即使申请了授权，也仅仅是给予了一段缓冲期。另外，虽然授权清单脱胎于候选物质清单，与之相比，授权清单也添加了更多重要的法规节点信息，可以供企业参考，做出是否积极应对授权的决定。

3.4.4　最迟申请日期与截止日期

截止日期：系指禁止物质投放市场或物质用途的起始日期。

最迟申请日期：系指截止日期之前 18 个月的日期，在这个时间节点前提交授权卷宗，如果在截止日期时，主管机构尚未对授权申请做出决定，该物质仍然可以继续投放市场。

因此，最迟申请日期就是截止日期之后往前回溯 18 个月的日期。值得一提的是，在最迟申请日期之后，申请人依旧可以提交授权卷宗，但如果在截止日期之前该授权尚未得到批准，该物质就暂时无法投放市场，直到最终授权得到批准。

3.4.5　授权的流程

授权由物质的制造商、进口商或下游用户提交，可以由一人或者多人提交，提交的时候可为一种或多个物质提交申请，也可以为一种用途或多种用途提交申请。提交的授权申请不同会导致提交的行政费不同，提交的用途越多，提交物质越多，提交的人数越多，都会导致行政费用增加，授权流程详见图 3.5。通常一份授权申请应至少包含以下信息：

① REACH 法规附件Ⅵ第 2 部分提及的物质特性和识别信息；

② 授权申请人的名称和联系方式；

③ 授权的用途，包括在混合物中物质的用途以及物品中该物质的用途；

④ 根据 REACH 法规附件Ⅰ要求编写的化学品安全报告（CSR），如果已经在注册的时候提交该 CSR，可由该 CSR 代替；

⑤ 替代品方案的可行性分析，需要考虑社会和经济可行性，如果有研发行为的进展，申请人也应附上。

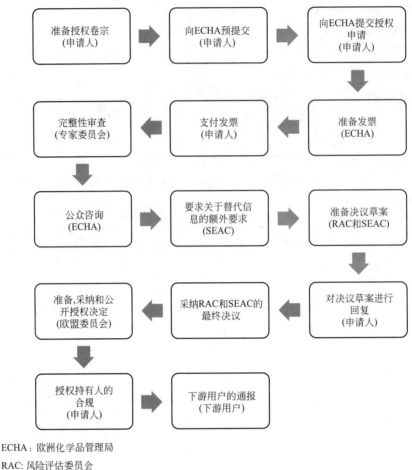

ECHA：欧洲化学品管理局

RAC: 风险评估委员会

SEAC: 社会-经济分析委员会

图 3.5　授权的流程

3.5
限制义务流程及关键点

3.5.1　什么是限制？

　　限制是为了保护人体健康或环境免于遭受由化学品引起的不可控制的风险。 物质本身，混合物中的物质，产品中的物质，都有可能受辖于限制。 欧盟 REACH 法规中的 R，既有注册（registration）的义务，同时也有限制（restriction）的义务。 任何物质，即使不需要注册，如聚合物，都会受辖于限制，比如最近全球都十分关注的塑料微粒。 限制和注册不同，注册有吨位超过 1 吨/年的要求，但是限制没有吨位阈值。 为了便于企业查询限制清单以及限制条件，欧洲化学品管理局整理了一份清单，以附件Ⅻ的形式公布。截至 2018 年 6 月 29 日，清单中共有 68 项条目。企业也可以通过以下网址进行查询：https://echa.europa.eu/substances-restricted-under-reach。

限制的形式包括但不限于：物质本身限制生产或进口；物质特定用途限制，如阻燃剂用途；对消费用途产品中的物质含量进行限制，如轮胎、衣服、首饰等。

3.5.2 物质进入限制清单的流程

只要认为物质对人体健康或环境可能造成不可接受的风险，该物质就可以被提议进入限制清单。

物质进入限制清单，涉及的行为主体如下。

（1）提案提交者（欧盟成员国或欧洲化学品管理局）

限制卷宗的提交者，既可以是欧盟成员国，也可以是欧洲化学品管理局。如果物品中含有授权物质（附件Ⅻ），欧洲化学品管理局有权利对该物品进行限制。

（2）利益相关者

利益相关者指公民、机构、企业以及主管当局（提案提交者除外）。利益相关者不限于欧盟地区，他们有权利在公众评议阶段提出自己的意见。

（3）欧洲化学品管理局

秘书处：欧洲化学品管理局秘书处支持委员会以行之有效且透明的方式，为委员会和论坛提供最为可行的科学、技术及法规服务。

风险评估委员会：风险评估委员会就所建议的限制对降低人类健康和/或环境的风险是否适当形成意见，该意见应该考虑限制卷宗中相关部分和利益相关者的观点。

社会-经济分析委员会：社会-经济分析委员会应基于限制卷宗中相关部分和社会-经济影响的考虑，就所建议的限制形成意见。该意见应该考虑社会-经济分析和利益相关者提交的意见。

监管信息交流论坛（论坛）：论坛可以给出限制提案的监管可行性建议。

（4）欧盟委员会

风险评估委员会和社会-经济分析委员会的意见会提交至欧盟委员会。欧盟委员会为附件Ⅻ准备一份修订草案。如委员会或欧盟议会对修订草案没有异议，修订草案会正式被欧盟委员会接纳采用。

（5）工业界

一旦物质确定被限制，工业界需要遵从该条款。工业界指生产商、进口商、分销商、下游用户及零售商。

（6）成员国主管当局

成员国主管当局的主要责任是对限制开展监管。

具体限制涉及的行为主体及责任义务见图 3.6。

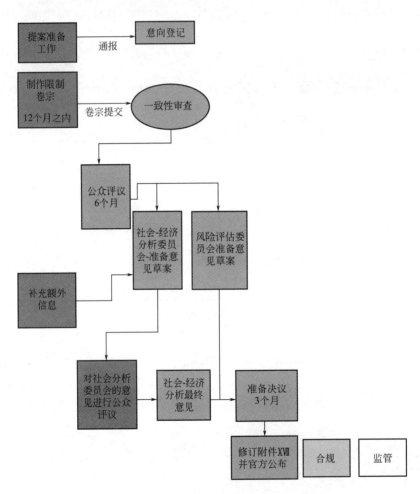

图 3.6　限制清单各行为主体及责任义务

3.5.3　哪些企业受限制清单影响？

欧洲化学品管理局会通知该物质是否已经提交了意向登记（registry of intentions）。这意味着，欧盟委员会已经准备了该物质的限制提案，如果企业愿意，可以参与公众评议。

（1）产品的制造商和进口商

如果企业制造或者进口的物品中含有限制物质，需要自行核查物品是否允许生产/进口或者限制物质是否在限制条件之外。 进口商通常对进口的物品本身比较了解，但是对用于制作物品的化学物质知之甚少。 在这种情况下，检索附件ⅩⅦ中化学物质名称的方式收效甚微。 更为推荐的方法是，进口商核查附件ⅩⅦ中第二列的限制条件。 附件ⅩⅦ中第二列的限制条件会列明受限制的产品类型。 通过产品类型，进口商再进一步确认自己的产品是否被限制。 如书籍的进口商，一般不用担心限制清单中43条目的偶氮染料，因为偶氮染料被限制的产品，一般是纺织品。

（2）供应商

如果企业供货的产品是限制物质，在供货前需要核查是否被限制。 如果满足第二列限制条件，企业需要在供应链上传递限制的信息。 如果物质或者混合物按要求，需要提供SDS，需要在SDS第15部分增加限制的相关信息。 如果SDS不需要提供和传递，企业仍需要把限制相关信息以其他方式传递给下游用户。

（3）化学品的下游用户

作为化学品的下游用户，供应商一般会告知化学品是否受辖限制。 限制的相关信息，或者通过SDS第15部分传递，或者以其他非SDS的形式传递。 下游用户需要就自身的用途情形、风险管理控制条件等与限制清单中第二列的限制情形进行对比。 如果企业是配制商，在混合物中加入了限制物质，务必把限制物质的信息添加在SDS中，或者以其他非SDS的形式传递。

如果企业使用的物质在提议阶段，即考虑加入限制清单或者对既有限制物质条件提议更新条件，利益相关者可以在公众评议阶段发表自己的意见或建议。

3.5.4 不适用限制条款的情形

如下条款不适用限制情形：
① 科学研究和开发中的物质的制造、投放市场或使用；
② 作为现场分离中间体的物质的使用；
③ 76/768/EEC指令定义的化妆品中使用的物质，关于对人体健康风险的限制在该指令范畴中。

4

关键环节

4.1

分阶段物质和非分阶段物质

法规将化学物质划分为分阶段物质和非分阶段物质。 分阶段物质主要是指这些物质可以在不同的时间期限前完成注册，概括地说，就是 1981 年前上市的化学品，有 100204 种。 非分阶段物质指在 1981 年以后上市的化学品。

按照法规规定，分阶段物质符合下列标准，可以享受预注册和分阶段注册：一是欧洲现有商业化学物质名录中的物质（ELNECS），EC 号 2 或 3 开头；二是目前已经在欧盟境内生产或在 2004 年 5 月 1 日前加入欧盟的国家中至少生产过 1 批，但尚未投放市场的物质；三是已经投放市场，但在"不再作为聚合物的物质"清单上的物质，EC 号 5 开头。 该清单已被固定，不再添加或删除物质。 目前，法规预注册已于 2017 年 5 月 31 日截止，分阶段物质现在只有进行正式注册，才能投入欧盟市场。

所有不满足分阶段物质标准的物质都被视为非分阶段物质，1981 年 9 月 18 日以后申报和投放市场的物质列在新化学物质清单——欧洲已申报化学物质（ENINCS）名录中，EC 号 4 开头。 非分阶段物质没有注册过渡期，除已对物质完成 67/548/EEC 指令通报的企业外，其他企业投放欧盟市场前必须进行注册。 注册时，需要先递交一份查询卷宗，以确定是否有同种物质的注册或另一份查询卷宗已被递交，从而应用数据分享机制。

实际上，注册最后截止日期和预注册的截止，划分分阶段和非分阶段物质已无实际意义，企业现在要明晰的是，不论需要注册的是分阶段物质还是非分阶段物质，正式注册都是必需的。

4.2

注册吨位的计算

物质注册中的信息、注册费用、注册期限等都与每年生产或进口的物质吨位有关，因此，正确计算需注册的吨位对物质的注册至关重要。 原则上，注册人在注册前需要计算其制造或进口物质的总量，总量如果达到或超过 1 吨/年的，需在此基础上决定是否注册和注册的吨位。 一般计算方法如下。

（1）扣除豁免情况下的物质

某些物质或某些物质的特定用途在法规内得到了注册豁免。 PPORD 物质向欧洲化学品管理局进行了相关 PPORD 通报并满足了欧洲化学品管理局设置的相关条件，在此种情况下也得到了注册豁免。 可分离中间体的制造商或进口商，在特定条件下只要在注册卷宗中提供少量信息即可。

（2）总吨位相加

不论何种情况，注册时都必须把生产或进口物质的所有吨位相加。 法规按同一法人实体计算，不论该法人实体是否在同一地点生产或进口。 不同物品中的同一物质只要是有意释放的，注册人就应该将这些物品中的物质吨数相加。 物品中的物质有意释放时，需要计算的是物品中所含该有意释放物质的所有吨位，而不是有意释放的那部分。 如果物品进口商同时以物质或配制品的形式进口物品中有意释放的物质，注册时只需要考虑以物质或配制品形式进口的数量，而无需考虑物品中该物质的数量，但需要在注册卷宗中将物质在该物品中的用途作准确表述。

（3）分阶段物质和非分阶段物质

非分阶段物质的吨位是注册日历年（每年1月1日到12月31日）将生产或进口的一个估算值。 分阶段物质每年是指每个日历年，除非另有规定，对于至少已经连续3年进口或生产的分阶段物质，数量的计算应根据前3个日历年的平均生产或进口数量。 如果没有超过3年，则应采用日历年的吨位。 同时，企业也要根据自己产能、客户等实际情况有所预期，注册卷宗中所填写的吨位并不一定和所预期的吨位范围一致。 企业注册后如果要对注册吨位从低级别升级到高级别，需要支付欧洲化学品管理局相应的管理费用差价。

（4）配制品或物品

配制品为配制品的总量乘以某物质成分的质量分数，质量分数可从配制品的 SDS 获得。 若只能得到配制品中的浓度范围时，应当使用最大浓度计算。 物品中的物质，应计算在正常或可合理预期的使用情况下会有意释放的物质总量，如果已知物质在物品中的质量分数，则使用该含量乘以生产或进口的物品总质量，如果已知每件物品中的质量，则使用该质量乘以生产或进口的物品的总件数。

（5）聚合物中的单体及其他物质的数量

需要注册的聚合物中的单体及其他物质的吨数，可以根据加入反应釜中的物质的数量扣除反应后剩余的数量得到。

4.3
关于唯一代表人（OR）

根据法规规定，只有在欧盟境内成立的制造商或进口商才能承担法规所列义务，同时法规为非欧盟企业设立了"唯一代表人"制度。 也就是说，物质的注册者只能是制造商、进口商和唯一代表（OR）三者之一。对于国内企业来说，通过 OR 注册是最主要、最直接、最主动的注册方式，选择好唯一代表人才能保证对欧贸易合法且顺利地进行。

根据 REACH 法规第 8（1）条，"在欧盟外定居的，制造物质本身、配制品或物品中的物质，配制品或生产物品进口到欧盟的自然人或法人，可通过双方协定委托一定居于欧盟内的自然人或法人作为其唯一代表，履行本篇中所规定的进口商义务"。此外，该代表还应履行本法规中对进口商规定的所有其他义务。非欧盟制造商应将指定唯一代表的情况告知指定的同一供应链中的进口商。

根据法规要求，唯一代表必须是欧盟境内的自然人或法人，且在实际处理相关物质信息方面有足够的资质，同时该代表应能随时提供并更新关于进口量和客户的信息。

唯一代表应承担如下工作：

① 确定产品应该注册的物质和企业进行深入沟通；

② 与进口商、分销商等上下游进行良好沟通；

③ 对企业人员进行培训；

④ 为企业制定注册方案；

⑤ 文献检索，准备理化数据、毒性数据等资料；

⑥ 为企业进行预注册（目前已停止）；

⑦ 参加数据信息交换论坛（SIEF），和论坛中的潜在注册人就数据分享和成本分摊等问题进行谈判，推荐领头注册人；

⑧ 决定是否参加联合注册；

⑨ 编写技术卷宗，正式提交，完成注册；

⑩ 在今后 10 年对企业注册信息进行维护和更新；

⑪ 随时关注法规的变更并告知企业；

⑫ 及时更新注册信息，及时付费，否则将被取消注册；

⑬ 在产品停产后对企业信息至少要维持 10 年。

法规对 OR 的资质没有太多详细规定，企业在选择时，要紧密结合企业实际，选择合适的 OR，一般选择时需考虑以下几个方面：

① 专业背景和能力：一般要求应具有化学、法律、REACH 法规、IT 软件等多方面的知识和经验；

② 稳定性：能够稳定承担对欧洲化学品管理局、委托人、下游用户及所提交材料的真实性进行负责；

③ 中立性和保密性：包括政治、商业、贸易中的中立性；

④ 良好沟通能力和谈判技巧；

⑤ 控制和抵御风险的能力。

企业选定唯一代表后，应及时提供信息，同时向欧盟进口商履行告知义务。一个企业一种物质只能有一个唯一代表，一个唯一代表可以代表生产同一物质的几个非欧盟制造商。如果企业需更换唯一代表，继任的唯一代表必须提交一份新的注册卷宗，费用也要重新提交。不过新的唯一代表可以和前唯一代表达成一致，继承前唯一代表的注册号。

4.4
国内企业注册途径的选择

根据注册人的不同，企业在确定注册途径时，应根据企业规模、资源、对欧盟贸易等情况选择最适合的方式进行注册。一般国内企业可以选择多种途径对出口到欧盟的物质进行注册。

（1）由欧盟境内的进口商进行注册

欧盟境内的进口商完成对物质的注册后，该进口商即可以从任何非欧盟企业处购买化学物质，但会要求非欧盟企业提供物质成分信息，甚至物质理化性质方面的信息。可以预见这将是进口物质在欧盟内的主流注册方式。

优势：非欧盟企业无需进行注册，应对 REACH 法规成本低，程序简单、便捷。

劣势：国内企业的所有信息，包括技术资料、产品配方等全都要提供给进口商，会带来潜在的风险；最终的注册号归进口商所有，这样企业在外贸谈判中将处于被动地位；进口商相对固定，选择新贸易伙伴的难度高，在贸易上受对方牵制；同时语言和文化背景的不同，也存在一定的沟通风险。

适宜对象：在欧盟内拥有相对固定的、已完成注册的、具有良好合作关系的客户及注册进口商较多，可以有较多选择的非欧盟企业。

（2）在欧盟内设立法人实体进行注册

在欧盟境内设置具有法人资格的办事机构或子公司，该机构不仅可以为自有产品进行注册，还可以用"代理人"的身份开展供应链服务。

优点：是最可靠的途径，有利于产品保密信息的控制，同时可以自我控制或运作测试数据，并能够通过代理注册获得收益。

缺点：自建欧盟分公司、组建 REACH 法规团队方面需要花费大量的人力、物力、财力和时间，注册完成后每年还需投入大量精力和财力用以维持运营。

适用对象：大型化工企业或大型化工产品贸易商，以及期待开拓 REACH 法规代理注册市场的企业。

（3）选择完全独立的第三方服务机构作为唯一代表

根据 REACH 法规的规定，非欧盟企业可以在欧盟范围内指定唯一代表，并通过唯一代表为其负责的物质进行注册。非欧盟企业可以选择在本国境内有办事机构的欧盟代理方或在欧盟境内获得法人资格的境内代理方作为唯一代表。

优点：不需要在欧盟运营法人实体，可以利用专业代理机构的资源，以最适当的方式为物质进行注册，成本较低。

适用对象：适用面广，推荐在欧盟内客户群不稳定的非欧盟企业采用。注册之后，欧盟内的进口商将成为 REACH 法规的下游用户。

（4）合伙设立欧盟分公司

多家企业联合起来设立欧盟分公司。此种方式只具备理论上的可行性，在实际操作者中很难进行。

优点：可以在人力、物力、财力方面进行分摊，降低企业成本。

缺点：谁来做企业法人、权责如何明晰、下游用户如何界定、出口吨位如何分配等实际问题难以明确和把握，生产同一种化学物质的国内企业往往也存在竞争关系，很难进行有力的统一。

（5）选择欧盟境内合作贸易公司及其他相近业务的代理机构

优点：这些机构本身有很多物质需要注册，并且自身具有相当的检测实力，可以解决法规注册中最关键的数据难题。国内企业可以以交年费或服务费的方式使用对方的注册号。

缺点：核心技术资料将暴露给代理机构，在贸易中处于不利地位；这些机构可能从商业利润角度出发，不能公正地给委托企业最优惠的待遇。

适用对象：欧盟境内有较稳定贸易关系和良好信誉的合作商，国内企业在合作方最好有一定的话语权。

（6）行业协会作为唯一代表

国内一些行业协会已经在欧盟设立了子公司，为国内企业提供唯一代表人服务。

优点：一般来说，行业协会拥有丰富的数据资源和客户资源，可以组织企业形成联合体进行注册，在数据分享中发挥积极作用；

缺点：行业协会一般缺少法规专业人员，可能需要引入外部技术支持和服务，且该方式对行业协会的管理能力提出了很高的要求。

适用对象：适用于行业协会充分发挥职能，且已经在欧盟设立子公司的特定行业。

（7）选择专门的检测机构作为唯一代表

优点：该类机构拥有丰富的实践经验，并有自己的实验数据库，可以填补缺失数据。

缺点：该类检测机构一般不注重此项业务，实验费用较高，在合作时对数据的可靠性要有很高的辨别度，保证数据质量，且该类机构一般缺少法规应对专业人员。

（8）选择律师事务所作为唯一代表

优点：该类机构在法规的解读和实际操作、数据交换谈判等方面具有专业特长，能够有效地规避风险。

缺点：一般缺乏化学和贸易方面的经验，在技术卷宗的编写方面处于劣势。

4.5
注册需提交的资料和提交方式

注册是整个法规的基础。 如果注册吨位为 1~10 吨/年，注册卷宗仅由技术卷宗组成，技术卷宗中应包含暴露信息。 如果注册吨位达到或超过 10 吨/年，则在技术卷宗的基础上，还需要提供一份化学品安全报告（CSR）。 此外，技术卷宗第 6、7 部分所提及的研究摘要中，也根据物质的吨位级别的差异有所变化。 潜在注册人应满足相应的信息要求。 为满足这一要求，注册人可能需要为附件Ⅸ、Ⅹ中的信息提交测试提案。

（1）技术卷宗

判断物质属于中间体或常规物质。 如果属于中间体，且其使用是在严格控制的条件下进行，可以根据对中间体的规定，在技术卷宗中提交相对较少的信息。 而如果物质属于常规物质，则应根据标准技术卷宗进行提交。

注册人在收集物质的信息，并对物质的信息进行评价的基础上，可以使用欧洲化学品管理局推荐的 IUCLID 6，中小企业可以使用免安装的 IUCLID CLOUD 编写注册技术卷宗（和化学品安全报告）。

注册人获取数据信息，需要与其他注册人就同一种物质分享数据或共同产生数据，而不允许单独进行动物实验。 除了可以使用体内测试作为获取信息的手段外，在满足附件Ⅺ条件的基础上，也可以使用（Q）SAR、体外测试、物质分组/分类法和交叉参照法等非测试手段获得信息，这些不同来源的数据均可用于证据权衡法。

当需要开展物质的属性实验时，必须根据欧盟委员会或欧洲化学品管理局规定的测试方法或确认的国际方法进行。 环境毒理、毒理方面的测试和分析必须根据 GLP、欧洲化学品管理局和欧委会确认的与此等效的其他国际标准进行，同时应符合第 86/609/EEC 号指令中关于动物福利的相关规定，现在一般认可测试需由国际合作与发展组织（OECD）成员国的 GLP 实验室进行。

依照吨位级别需要提交的信息附件见表 4.1，常规物质技术卷宗中的信息见表 4.2。

表 4.1　依照吨位级别需要提交的信息附件

吨位级别	附件 Ⅵ	附件 Ⅶ	附件 Ⅷ	附件 Ⅸ	附件 Ⅹ	附件 Ⅺ
1～10 吨/年	√	√（＋附件Ⅲ）				√
10～100 吨/年	√	√	√			√
100～1000 吨/年	√	√	√	√		√
≥1000 吨/年	√	√	√	√	√	√

表 4.2　常规物质技术卷宗中的信息

1　注册人一般信息
　1.1　注册人
　　1.1.1　名称、地址、电话、传真、E-MAIL；
　　1.1.2　联系人；
　　1.1.3　注册人生产场所及其所使用的场所的地址。
　1.2　联合提交时的数据
　　1.2.1　对于领头注册人
　　通过下列信息确认其他注册人：
　　• 其他注册人的名称、地址、电话、传真、E-MAIL；
　　• 提交的注册中适用于其他注册人的部分。
　　若适当，应提及附件Ⅵ～Ⅹ中给出的号码。
　　1.2.2　对于其他注册人
　　通过下列信息确认其领头注册人：
　　• 领头注册人的名称、地址、电话、传真、E-MAIL；
　　• 领头注册人提交的注册中对其适用的部分。
　　若适当，应提及附件Ⅵ～Ⅹ中给出的号码。
　1.3　根据法规第 4 条指定的第三方代表
　　1.3.1　名称、地址、电话、传真、E-MAIL；
　　1.3.2　联系人。
2　物质标识信息
　　注：此部分给出的信息应确保可以确定被注册物质，若从技术上不能实现，或科学上不必给出下列的一项或多项信息，应清楚地说明原因。
　2.1　每种物质的名称或其他标识符
　　2.1.1　IUPAC 命名法中的名称或其他国际通用名称；
　　2.1.2　其他名称(常用名、商品名、缩写词)；
　　2.1.3　EINECS 号码或 ELINGS 号码(如有，且适当)；
　　2.1.4　CAS 名和 CAS 号(如有)；
　　2.1.5　其他标识符(如有)。
　2.2　与每种物质的分子式或结构式相关的信息
　　2.2.1　分子式和结构式(包括 SMILES 编码，如有)；
　　2.2.2　光学活性及(立体)异构体的典型比例(如有且适当)；
　　2.2.3　分子量或分子量范围。
　2.3　每种物质的组成
　　2.3.1　纯度(%)；
　　2.3.2　杂质的种类、含异构体及副产品；
　　2.3.3　主要(典型)杂质的百分含量；
　　2.3.4　任何添加剂(如稳定剂或抑制剂)的种类及量级【…ppm($1×10^{-6}$)，…%】；
　　2.3.5　光谱数据(紫外-可见光谱、红外光谱、核磁共振谱或质谱)；
　　2.3.6　高效液相图谱、气相色谱图谱；
　　2.3.7　用于鉴别物质的分析方法或适当参考文献的描述，适当时，也应为杂质或添加剂提供类似的信息，该信息应足以允许复制该方法。
3　关于物质的制造和使用的相关信息
　3.1　以单个注册人计，在其提交注册的一个日历年内制造、生产物品时使用的需注册的和/或进口的物质的总量(估计量)，以吨为单位。
　3.2　对于物质的制造商或物品的生产商；物质制造或物品生产过程中使用的技术流程简述。
　3.3　自用吨数说明。

3.4 向下游用户提供的物质的形式(物质、配制品或物品)和/或物理状态,向下游用户提供的物质的形式(物质、配制品或物品)和/或物理状态,向下游用户提供的配制品中物质的浓度或浓度范围,以及向下游用户提供的物品中物质的总量。

3.5 确定用途概述。

3.6 物质在制造、用于物品及确定用途时产生废物的数量及组成的信息。

3.7 建议反对的用途,适用时,应指出注册人建议反对的用途和原因(例如:供应商提出的非法定建议),该部分内容不必详尽列出。

4 分类和标签

4.1 应用法规(EC)第1272/2008第一章和第二章提出的物质危害分类,另外,对于每一条目都应给出终点无法继续分类的原因(如缺乏数据、数据是否非决定性的,或虽是决定性的当不足以应用于分类)。

4.2 应用法规(EC)第1272/2008第三章提出的物质危害标签。

4.3 只要适用,应用法规(EC)第1272/2008第10条得出的特定浓度限量。

5 物质安全使用指南

注:此部分信息应与安全数据表中的信息一致,该安全数据表是根据REACH法规第31条的要求制作的。

5.1 紧急救助措施(SDS第4部分);

5.2 消防措施(SDS第5部分);

5.3 意外释放措施(SDS第6部分);

5.4 处置和储存(SDS第7部分);

5.5 运输信息(SDS第14部分)。

如不需要CSR,则要求以下的附加信息:

5.6 暴露控制/人体防护(SDS第8部分);

5.7 稳定性和反应性(SDS第10部分);

5.8 需要考虑的处置事项

5.8.1 需要考虑的处置事项(SDS第13部分);

5.8.2 工业回收和处置方法的信息;

5.8.3 公众回收和处置方法的信息。

6 在应用附件Ⅶ至Ⅺ过程中得到的研究摘要

7 若附件Ⅰ需要,在应用附件Ⅶ至Ⅺ过程中得到的充分研究摘要

8 据第3、4、6、7条或在CSR提交的信息已被由制造商/进口商指定的、有适当经验的评估员审核的说明

9 为开展Ⅺ和Ⅹ中所列测试提出的提案

10 对于1~10吨/年量级物质的暴露信息

10.1 主要的用途种类

10.1.1 (a)工业用途;

(b)职业用途;

(c)消费者使用。

10.1.2 工业用途或职业用途的详细说明

(a)在封闭系统内使用;

(b)作为内含物或掺杂物使用;

(c)非分散性用途;

(d)分散性用途。

10.2 重要的暴露途径

10.2.1 人体暴露

(a)经口;

(b)皮肤;

(c)吸入。

10.2.2 环境暴露

(a)水;

(b)空气;

(c)固体废弃物;

(d)土壤。

10.3 暴露的方式

(a)意外的/非经常的;

(b)偶然的;

(c)连续的/频繁的。

11 保密要求

制造商/进口商认为不宜在互联网上公开的信息。

应包括为何信息公开会伤害其自身或任何其他相关商业利益的理由。

（2）化学品安全评估（CSA）和化学品安全评估报告（CSR）

制造/进口超过 10 吨/年且需要注册的物质，在提供技术卷宗之外，还应进行 CSA 并完成 CSR。

法规是基于企业应该在可合理预见的情况下，以一种不会对人类健康和环境产生显著影响的方式制造、进口化学物质或将其投放市场。这就要求制造商/进口商收集或产生物质的相关数据，并评估如何通过适当的风险管理措施充分控制物质对人类健康和环境所产生的风险。

法规附件Ⅰ详细说明了 CSA 的步骤：

① 人类健康危害评估；

② 理化危害评估；

③ 环境危害评估；

④ PBT 和 vPvB 属性评估。

若物质符合法规（EC）第 1272/2008 号中关于危险物的分类标准，或被评定为 PBT 和 vPvB 物质，则还应附加如下步骤：

⑤ 暴露评估；

⑥ 风险特征化。

CSR 的整体结构分为 A、B 两部分，具体内容详见表 4.3。

表 4.3　化学品安全报告的格式

化学品安全报告
A 部分

1　风险管理措施摘要
2　风险管理措施已实施的声明
3　风险管理措施已传递的声明

B 部分

1　物质和物理化学特性的标识
2　制造和用途
　2.1　制造
　2.2　确定的用途
　2.3　禁止的用途
3　分类和标签
4　环境归趋特性
　4.1　降解
　4.2　环境分布
　4.3　生物积累
　4.4　二次中毒
5　人体健康危害评估
　5.1　毒性动力学（吸收、新陈代谢、分布和排除）
　5.2　急性中毒
　5.3　刺激
　　5.3.1　皮肤
　　5.3.2　眼睛
　　5.3.3　呼吸系统
　5.4　腐蚀性
　5.5　致敏
　　5.5.1　皮肤

4.6

数据共享

按照法规规定，注册要尽量降低成本和减少必要的试验，尤其是脊椎动物实验。法规要求以注册为目的的信息进行有偿共享。

数据共享在物质信息交换论坛（SIEF）中实现。 所有测试均可在自愿的基础上共享，并以某种形式分担试验费用。 如果测试结果被分享，受益各方都应该为此付费，法规文本中要求透明、公平、非歧视的分享成本。 如果参与者没有达成资源协议，则应平均分摊。 详见图 4.1 SIEF 论坛中涉及测试数据的共享机制纵览。

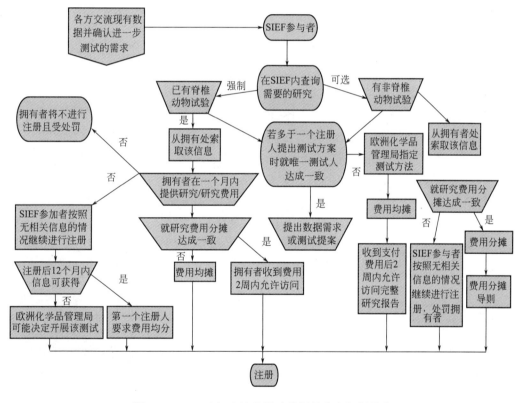

图 4.1　SIEF 论坛中涉及测试数据的共享机制纵览

关于费用分担协议通常需要各方商定以下内容。

（1）数据的可靠性、相关性及实用性（“数据质量”）

在法规公布的共享数据导则中推荐使用 Klimisch 方法，将数据分为 4 类：Klimisch1，可靠的研究数据，其使用无限制；Klimisch2，可靠的研究数据，但其使用有一定的限制；Klimisch3，不可靠的；Klimisch4，不可用的。

（2）数据的经济价值（"数据估价"）

对 Klimisch 评价机制中列为 1 或 2 的研究数据进行价值评估。 对于历史数据，一方面可由先期注册人提供数据测试费用证明，也可以用今天开展同样的研究需要花费的费用替代。 两种方法由 SIEF 成员讨论。

（3）各方之间如何分享商定的价值（"费用的分担和补偿"）

根据公正、透明、无歧视的原则进行。 可能的方式包括均摊和比例分摊。 SIEF 论坛中集体方式进行注册时，一般有基于研究质量权重模型进行的数据补偿和直接进行的数据补偿两种方式。 分摊的具体准则由 SIEF 论坛成员共同确定。

虽然注册人只需对那些能够满足注册要求所提交的数据信息的费用进行分担，不能强迫企业为他们不需要的信息支付费用，也不能在某些公司虽然将来需要某些信息，但现在并不需要的情况下强迫其支付某些费用。 但在实际过程中，由于领头注册人的强势，除非注册人拥有大量的数据，否则，只能选择购买领头注册人提供的数据。

关于 REACH 注册 SIEF 费用共享政策，在 2014 年 11 月 REACH 和 CLP 主管当局（Caracal）的会议上，形成了以下四个结论。

① SIEF 参与者之间任何形式的合同都必须标明 SIEF 费用共享的方式，并且必须发送给所有的已有的或者潜在的 SIEF 成员。

② 对于 SIEF 成员需要支付的数据研究费用应该按照吨位进行区分。 每年，SIEF 管理员必须记录总的支出以及收入，并且把研究费用和管理费用区分开来。 该文件将对利益相关团体免费。

③ 费用共享模式必须适用于所有参与者，并且会根据 SIEF 参与者的大小规模、每年吨位、REACH 的注册截止日期、SIEF 成员的数目考虑。

④ SIEF 成员应该只会对注册需要的数据付款，对于注册不需要的数据不应该付款。 当新成员加入并且对特定的数据付费时，每一位已经对数据付过费的成员都会收到退款，从而降低每一个成员的花费。

4.7
联合提交

如果一种化学物质被多个制造商或进口商注册，则 REACH 法规第 11 条和第 19 条适用，部分数据必须联合提交。

对于同一化学物质，可以允许由多个注册人联合注册，分摊相关费用，由领头注册人根据规定代表其他人提交信息。 法规有关"数据共享"的指南文件中第 8.1 节概述了哪些资料可以联合提交而哪些资料不必联合提交。

多个潜在注册人经协商达成一致协议，选举出 1 个领头注册人，由领头注册人提交需联合提交的资料：

① 物质分类和标签；

② 信息摘要；

③ 充分研究摘要；

④ 关于相关数据是否产生于脊椎动物试验的声明；

⑤ 测试试验的提案等资料；

⑥ 哪些信息已经通过了评估师的审查。

同时，每个潜在注册人需提交：

① 身份的确认（制造商或进口商）；

② 物质信息；

③ 物质制造和用途信息，应包括潜在注册人物质的所有用途及相关暴露场景；

④ 关于相关数据是否产生于脊椎动物试验的声明；

⑤ 对于吨位在 1～10 吨范围内的潜在注册人提供物质暴露信息。

同时注册人可以自行决定以下信息是单独提交还是联合提交：

① 关于物质安全使用的指南性文件；

② 1 份化学物质安全报告，并说明这些已提交的关于 CSR 的信息，哪些已经通过了评估师的审查。

特别强调，已经完成注册的注册人不能排斥新注册人进入，新注册人可以使用已注册人所提交的危害信息，尤其是脊椎动物试验数据，但要支付相应合理补偿。

法规要求所有潜在注册人都应联合注册，对于不同意联合注册的潜在注册人则要求充分说明理由，进行联合提交的行政费用要少于单独提交的费用。

4.8
注册数据信息内容

详见书后附件 6：注册必须提交的数据信息（法规附件Ⅶ～Ⅺ）。

4.8.1 一般数据信息

一般数据信息包括：

① 物质制造商和进口商信息；

② 物质的信息（识别信息）；

③ 物质制造和用途的信息；

④ 物质的分类和标签；

⑤ 物质的安全使用指南；

⑥ 其他常规信息数据。

4.8.2 不同注册吨位应提交的信息

（1）1~10 吨

根据法规附件Ⅶ共 23 项数据：

① 14 项理化特性，如熔点、沸点、相对密度、蒸气压、表面张力等；

② 5 大项 6 小项毒理学信息，如皮肤刺激/腐蚀、眼睛刺激、致畸性等；

③ 3 大项生态毒理学信息，如无脊椎动物的短期毒性试验、水生动物生长抑制试验等。

（2）10~100 吨

根据法规附件Ⅷ，需增加 14 项数据：

① 7 大项 10 小项毒理学信息，如活体皮肤刺激、活体眼睛刺激、对哺乳动物细胞进行的细胞遗传的体外研究等；

② 2 大项 4 小项生态毒理学信息，如鱼类的短期毒理性试验、对活性淤泥呼吸作用抑制的试验等。

（3）100~1000 吨

根据法规附件Ⅸ，需增加 21 项数据：

① 3 项理化特性，如有机溶剂的稳定性和相关降解产物的特性、分解常数等；

② 3 大项 5 小项毒理学信息，如活体致畸性研究、短期累积剂量毒性研究（28d）、亚慢性毒性研究（90d）等；

③ 4 大项 13 小项生态毒理学信息，如无脊椎动物的长期毒性试验、鱼类长期毒性试验、降解产物的确定等。

（4）1000 吨以上

根据法规附件Ⅹ，需增加 9 项数据：

① 2 大项 3 小项毒理学信息，如发育毒性研究（一种生物、最适当的摄入途径，考虑可能的人类的暴露途径）、致癌性研究等；

② 5 大项 6 小项生态毒理学信息，如生物降解研究、对陆生生物的影响、对植物的长期毒性研究等。

4.9
数据授权信（LOA）和联合体（consortium）

分阶段物质在进行联合提交获取数据时，对于 SIEF 运行良好、联合体机制健全的物质，企业一般需要选择是加入联合体，还是直接购买 LOA，一般 LOA 费用由数据费和管理费组成。 简而言之，将数据比作商品，加入 consortium 相当于前边几个人合伙买下之后，我要再买，需要均摊费用，然后一起拥有这个商品；购买 LOA 只是前边几个人买下商品后，将商品进行了包装和规整，以后谁要用，要拿钱买其使用权。 两种方法各有利弊。

加入联合体能够主动参与到联合体的运作和决策中，对联合体内部获得的数据有使用权和一定的所有权，能迅速获得联合体的最新进展和后期计划，但一般前期费用投入较高（入会费和数据测试费），后期可以通过补偿机制进行减抵。

购买 LOA 一般一次性支付 LOA 费用，费用一般要比加入联合体低，但对数据仅限本次注册的使用权，领头注册人一般会对 LOA 设置费用追加和返还机制。

LOA 购买流程：注册者与领头注册人联系，确认物质统一性和询问 LOA 价格，如确定购买 LOA，需要跟领头注册人签署 SIEF 协议，协议签署后领头注册人会发送相关的 LOA 发票，注册者根据发票在规定期限内支付 LOA 费用。 领头注册人在收到 LOA 费用后会向注册者发送联合提交的密钥及化学品安全评估报告等必需文件。

4.10
注册费用

就国内大多数企业而言，法规注册的费用主要由 4 部分组成：
① 数据费；
② 欧洲化学品管理局收取的行政费用；
③ 代理服务费（如果有）；
④ 其他杂费。
费用的大致占比详见图 4.2。

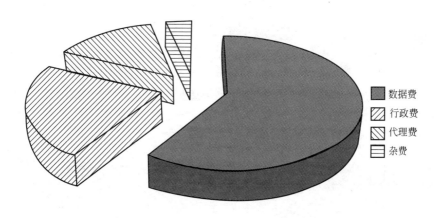

图 4.2　REACH 注册费用

4.10.1　数据费

数据费是注册中花费最大的一部分，一般能占到整个注册费用的大半以上，且这项费用根据产品、注册吨位、注册企业所掌握数据的情况等方面的差异，在注册费用上也有很大不同，很难确定。数据共享和避免不必要的测试是法规关于数据确定的一项重要原则，潜在注册人共享数据信息，需补偿开发数据所产生的费用，必须向数据拥有者或第三方支付知识产权费用。

随着注册最后截止日期的到来，大部分产品都已产生领头注册人，对于已有领头注册人的化学物质来说，购买领头注册人的数据授权信（LOA），获得已打包的数据引用权，是目前完成注册最便捷高效的方法，但数据费用可能会偏高。对于没有注册过的物质，企业要积极主动，对要注册物质数据的潜在市场进行分析，力争成为领头注册人，这首先是注册的需要，同时也是获得数据主动权的需要。

4.10.2　欧洲化学品管理局行政费

欧洲化学品管理局对物质的注册和授权要收取相应的费用，以补偿其运营的成本费用，该费用一般约占其运营费用的40％。一旦注册人通过 REACH-IT 系统更新了一份注册卷宗，系统将自动计算出所提交卷宗的相关费用。对于一般物质而言，注册者需要在欧洲化学品管理局向注册者通报票据费用之日起的14个日历日内交纳费用。如果注册者未按期缴费，欧洲化学品管理局将设定第2个缴费期限，如果注册者仍未按期缴费，注册将被驳回。这些费用全部在欧盟境内采用欧元征收。

根据2015年6月4日实施的条例（EU）2015/864公布的行政费用，详细标准详见书后附件Ⅰ，规定简要概括如下：

① 费用根据物质的注册吨位来收取；

② 对现场分离中间体和非分离中间体的收费有特殊规定；

③ 制造商或进口商如果认为不应在互联网上公开某些信息，在递交不公开信息的请求时要收取相应费用；

④ 注册卷宗的更新要收费，尤其是吨位级别的更新、注册人身份的改变、法人实体的改变、注册卷宗所包含的某些信息变更等都要收取相应费用；

⑤ PPORD 物质的信息通报费用；

⑥ 递交授权申请费用；

⑦ 对于联合提交有部分费用减免；

⑧ 如果注册人提交了错误的信息，欧洲化学品管理局和成员国将收取罚金；

⑨ 任何上诉都将征收费用。

4.10.3 代理服务费

据了解，绝大多数国内企业均使用唯一代表人注册。 代理服务费是注册企业支付给唯一代表人和专业技术服务机构的费用。 此项费用因服务机构、唯一代表人的不同而有所不同，一般在注册费中占比不大。

4.10.4 其他费用

主要是汇款手续费、图谱测试费用等。 占比非常小。

4.10.5 注册费用的控制

在上述四种费用中，数据费用往往支出最大，对于吨位级别较高的物质，行政费用也是一笔不小的开支，为达到控制费用的目的，注册企业在寻找最优代理服务机构的同时，可以从行政费用减免和数据费用控制两方面尽量降低注册费用。 可减免行政费用的几种情况。

① SME 企业优惠　根据企业的人数和财务状况标准判定，对企业人数的判定，要参照我国《劳动法》中雇员的定义，作出合理判断，然后再根据企业上一财务年度报告，计算年营业额或资产负债表总额，以确定企业规模，详细标准详见表 4.4。 企业满足中型企业的标准，行政费可降低至非 SME 企业的 7 折；企业满足小型企业的标准，行政费可降低至非 SME 企业的 4 折；企业满足微型企业的标准，行政费可降低至非 SME 企业的 1 折。 申请 SME 企业，需提供公司规模的审计报告和企业签署 SME 企业的自我声明等材料。 需要指出的是，企业要严格按照标准要求，实事求是地进行判断，慎重申请。 否则，进行 SME 审核时发现不符合情况，将面临高额罚款，得不偿失。

② 严格可控条件下的中间体　中间体是指将一种物质转化成另一种物质所进行的化学加工中制造、消耗或使用的物质，只有是化学反应生成其他的物质，本身不在市场流通的，不能有其他用途的物质才能被界定为中间体。 严格可控的条件可参照法规第 18 条第 4 款要求判定，若满足该条件的，不管其吨位如何，其缴纳的行政费用均以 1 ~ 10 吨/年的行政费计。 企业要明晰化学物质的用途，并需进口商签字确认。

③ 特殊情况　如法规规定如注册卷宗包括附件Ⅶ的全部信息，吨位在 1 ~ 10 吨/年的物质无需支付注册费。

表 4.4　欧洲化学品管理局判断 SME 企业的标准

企业规模	人数	年营业额或年资产负债表总额（万欧元）
中型	<250	≤5000 或≤4300

企业规模	人数	年营业额或年资产负债表总额(万欧元)
小型	<50	≤1000 或≤41000
微型	<10	≤200 或≤200

4.11
注册后信息更新

4.11.1 更新义务

注册卷宗中提交的资料必须保持更新,更新的责任同样由注册人承担,当需要更新的信息属于联合注册信息时,一般由领头注册人更新卷宗。有两种情况需要注册人更新卷宗:

一是注册人主动提出的更新,法规要求注册者及时通知欧洲化学品管理局关于已注册物质或其注册卷宗中新的相关可用信息,并且提交新的注册卷宗,所有已提交信息的任何改变,如注册者身份、吨位等,都应在更新注册卷宗中提交。

二是欧洲化学品管理局或欧委会决定要求的更新。

① 申请人根据欧洲化学品管理局或欧委会在评估过程中通过的决议对其注册卷宗进行更新,需要在指定的期限内完成;

② 当有新注册人对特定物质提交了额外信息时,欧洲化学品管理局也应通知已有的注册人;

③ 视为已注册物质的更新。根据第 67/548/EEC 号指令进行通报而被视为已注册的物质,当其吨位级别达到了下一级别后,也应更新其注册卷宗。

4.11.2 更新过程

注册者就更新的信息与欧洲化学品管理局交流并将信息提交。一旦提交给欧洲化学品管理局后,欧洲化学品管理局需自提交之日起 3 周内对该注册更新进行完整性检查,对此更新无异议,则制造商/进口上可以继续制造/进口该物质。

4.11.3 要求注册者主动进行的更新

① 自身状况的任何变更,如作为物品生产商、进口商或是生产商的变更、或其身份的变更,如姓名或地址;

② 附件Ⅵ第 2 部分关于物质鉴别的物质成分的任何变化；

③ 注册者年产量或进口量或总产量/总进口量的变化，或注册者生产或进口物品中出现的物质总量的变化，只要这些变化导致吨量级的变化，包括停止制造或进口；

④ 新确定的用途和对制造或进口物质建议的新用途；

⑤ 注册者有理由预期关于物质对人类健康或环境风险的新知识已为人们所了解，这些知识会导致安全数据表或化学品安全报告的变化；

⑥ 物质分类与标记的任何变更；

⑦ 化学品安全报告或附件Ⅵ第 5 部分内容的任何更新或修订（有关安全使用的指南）；

⑧ 注册者确定进行附件Ⅸ或附件Ⅹ所列较高水平研究试验的需求，在此情况下应提出试验提案；

⑨ 在注册过程中准许获取信息途径的任何变化。

4.12
注册合理应对和规避案例

4.12.1　小批量配制品物质进口复出口

某生产化学配制品的企业在其产品中，要添加一种含量较小的化学物质 A，A 在产品中不与其他物质产生化学反应，A 物质预计年用量为 20 吨，经咨询，企业自主注册的费用约为 60 万人民币，且目前仅有 1 家欧洲公司注册。企业经综合考虑，主动放弃了注册，转而进口欧洲这家公司生产的该物质，获得该物质注册号的使用授权。到货后，在本企业生产出配制品再输往欧洲。由于该项化学物质用量相对较小，且储藏方便，企业进口一次基本可以用一年，虽然进口该物质的到货价格比市场价格高一倍，但相对于高昂的注册成本，还是可以忽略的。

4.12.2　注册吨位拆分注册

某生产化学物质企业 A 预估输欧盟该化学物质约为 150 吨，企业注册 10～100 吨位级别不够用，注册 100～1000 吨位级别的又用不完，且经查询该化学物质目前仍没有注册，只能进行领头注册，两个吨位级别领头注册的费用相差近 10 倍。同时，B 企业也生产与 A 企业相同的化学物质，但主要客户不在欧盟，且同为一个集团公司所有。综合考虑后，A 企业决定注册 10～100 吨，领头注册，B 企业可以用 A 企业的数据再完成 10～100 吨的注册，这样，A 企业在 100 吨的注册吨位限额用完后，B 企业也可以出口 10～100 吨。

4.12.3　购买 LOA 拆分注册

某企业 A 为总公司，B 为其旗下子公司，两公司均往欧盟出口同一化学物质，预计总共约为 180 吨/年，该物质 10～100 吨和 100～1000 吨级别注册费用差别很大。经综合考虑，A 公司通过购买 LOA 数据注册了 10～100 吨位级别的化学物质，经征得领头注册人同意后，作为其子公司的 B 公司可免费使用其所购买的 LOA 进行注册，在缴纳必需的行政费用和其他费用后，B 公司成功注册。

4.12.4　根据用途产品确认为中间体注册

某企业生产一种化学物质，出口欧洲后，欧洲客户仅用于中间体用途并能提供相关声明文件，在咨询公司的指导下，该物质可按照严格可控中间体注册，只需现有数据并可提交完成注册，较按常规用途注册节省了大笔费用。

4.12.5　化学物质拆分组分注册

某企业生产的一种化学物质是由 A、B 两种组分组成的，经查询，该化学物质目前没有注册，企业注册该化学物质只能进行领头注册，要承担比较高的注册费用，同时 A、B 两种组分均已完成注册，在咨询公司指导下，该企业将 A、B 分开购买 LOA 进行了注册，顺利实现产品出口。

4.12.6　化学物质拆分为中间体和常规用途注册

某化学品生产企业生产的化学物质在欧盟有多个进口商，预计年供应量为 300 吨/年，其中，有大约 70％的物质被进口商全部用作化学反应生产其他物质的中间体用途，有 30％用来作为产品的配置成分。根据吨位要求，企业需要注册 100～1000 吨/年，注册费用比较高，在咨询公司指导下，该企业将产品拆分为 10～100 吨常规用途和 1～1000 吨中间体用途分别进行注册，节省了大笔注册费用。

4.13
SVHC清单内物质注册后应对

4.13.1　确认候选物质是否被注册

根据 REACH 法规第 7（6）条的豁免通报规定，物质在物品中的用途已被欧盟制造商或进口商 REACH 注册，可以豁免通报。 与注册物质是同一种物质且该物质在物品中的用途已被注册中的用途涵盖，即注册中指出了该物品中物质的用途，可以认为是该用途已被注册。 这里的用途是指，生产物品时的物质用途和物质结合到物品中时的用途，以及物品的整个使用周期包括废弃处置过程中的用途。

SVHC 清单内物质已被注册且用途被注册物质覆盖的情况下，需要关注物品的用途，一旦有新的用途，要立刻进行通报。 同时关注欧洲化学品管理局官网的候选物质清单更新情况和授权物质更新情况，一旦有新的候选物质，立刻排查产品中的物质，已经注册或通报的物质也要关注是否被列入授权清单。

4.13.2　处罚

在通报截止期后开始进口的企业，当达到 1 吨/年的吨位限值后，不得无故拖延立刻提交通报。 如果符合通报的范围，却在截止期前未通报，不得无故拖延立刻向欧洲化学品管理局通报。 如果不及时通报，会导致产品无法正常投放市场乃至受到执法机构的处罚。

4.14
授权物质清单内物质注册后应对

4.14.1　确认物质是否在授权清单内

完成注册，是物质可以进入欧盟市场的通行证，是否合规，需要判断该物质是否应满足其他法规要求。

以授权物质为例，由于授权清单是实时更新，每隔半年到一年，都会面临更新，企业应及时关注该清单是否包含自己的产品在内。 由于所有的授权物质都来自候选物质清单，即使物质进入候选物质清单，也需要较长的时间才有可能进入授权清单。所以如果物质没有列入候选物质清单，也就意味着很长的一段时间内，该物质都不会被列入授权清单内，这也是一个非常有效的可以快速筛选高风险物质的方法。

授权物质清单检索网址为：https//echa. europa. eu/authorisation-list，　在这个列表里，可以清楚看到授权物质的识别信息，包括物质名称、EC 号、CAS 号、以及最迟申请日期和截止日期，此外，还包括被列入授权清单的理由（物质分类）。

进入授权清单后，意味着该物质事实上在欧盟市场已经将被逐步淘汰，由于合规工作需要有预见性，企业需要及早了解自身的产品是否可能被列入授权清单，而推荐授权物质清单：https//echa. europa. eu/previous-recommendations，则是一个非常值得关注的清单，由于这个清单发布的时间比正式的授权清单要早，所以物质进入这个清单，在绝大多数情况下将进入最终的授权清单。企业也应及时关注该清单，可为自己争取更长的时间做决策，包括是否需要应对授权。

4.14.2　与下游用户确认授权工作由谁开展

由于授权费用相对 REACH 注册来说，费用比较高，主要包括交给欧洲化学品管理局的行政费用以及数据管理费，通常一个项目总的费用在 50 万～100 万欧元之间，已经远远超过了普通的 REACH 注册总费用，因此，是否应对授权以及如何应对授权是企业必须考虑的事情。

授权的对象可以是欧盟境内的制造商、进口商和下游用户，由中国的制造商委托唯一代表（OR）来应对授权还是由其进口商或下游用户来应对授权，存在博弈过程：如果是中国境内的厂商来应对，在完成授权之后，其下游用户只需要向欧洲化学品管理局通报即可，不存在高昂的授权应对费用；如果是欧盟境内的进口商或下游用户应对，中国境内的厂商无需应对授权，但其出口对象只能是这些应对了授权的厂商，进口商或下游用户甚至还有可能要求转嫁部分授权费用。因此，企业需要根据贸易形势以及整体费用做衡量，选出合适的方案。

4.14.3　不应对授权面临的后果

和 REACH 注册、限制等义务类似，欧洲化学品管理局本身不具有执法权力，授权的执法依旧由各个成员国开展。在欧盟层面，会有针对各种违法行为的联合执法论坛（REF），是非常重要的执法检查之一，通常会联合海关和当地执法机关开展联合执法，并形成相应的执法报告，供主管机构参考。

除了联合执法论坛外，也会针对特定的项目进行针对性执法。事实上，针对授权，欧盟层面已经开展了 2 期定向执法，并形成相应的最终报告。第一期定向执法于 2014 年 3 月到 2015 年 12 月开展，在这次执法过程中，一共有 8 个成员国参与了该项目，主要是针对两个物质，麝香二甲苯和 4,4′-二氨基二苯甲烷（MDA），主要为日后针对授权义务执法收集更多经验。本次执法检查通过问卷调查的形式展开，包括 235 次的现场检查以及 186 次邮件调查，最终结果如下：

大部分企业都没有向市场上投放或者使用 MDA，6 家企业基于豁免的用途向市场上投放了 MDA，7 家企业基于豁免的用途使用 MDA，因此，没有企业违规；

有 2 家公司向市场上投放麝香二甲苯，触犯了 REACH 法规第 56 条，有一家公司使用麝香二甲苯同样触犯了 REACH 法规第 56 条。

最终，违法 REACH 法规授权义务的 3 家公司被处以行政处理以及罚款等多种形式的处罚。

在积累了充分经验后，在 2016 年 1～12 月开展了第二次定向授权执法，本次执法一共有 17 个成员国参与，包括奥地利、英国、西班牙、法国、德国等国家，一共包括现场检查和邮件调查在内的 802 次执法检查。其中，一共发现 19 起不合规事件，主要违反了 REACH 法规第 56、65 和 66 条。最终的处罚除了书面意见、行政命令之外，还包括 2 起犯罪起诉。

　　本次执法主要面对的对象针对截止日期在 2015 年的物质，物质清单见表 4.5。

表 4.5　第二次定向授权执法调查物质清单

名称	EC 号	CAS 号	截止日期
邻苯二甲酸二异丁酯(DIBP)	201-553-2	84-69-5	2015 年 2 月 21 日
邻苯二甲酸二丁酯(DBP)	201-557-4	84-74-2	2015 年 2 月 21 日
邻苯二甲酸丁基苄酯(BBP)	201-622-7	85-68-7	2015 年 2 月 21 日
邻苯二甲酸二(2-乙基己)酯(DEHP)	204-211-0	117-81-7	2015 年 2 月 21 日
［DBP＋DEHP］	201-557-4 204-211-0	84-74-2 117-81-7	2015 年 2 月 21 日
五氧化二砷	215-116-9	1303-28-2	2015 年 5 月 21 日
三氧化二砷	215-481-4	1327-53-3	2015 年 5 月 21 日
颜料黄 34	215-693-7	1344-37-2	2015 年 5 月 21 日
颜料红 104	235-759-9	12656-85-8	2015 年 5 月 21 日
铬酸铅	231-846-0	7758-97-6	2015 年 5 月 21 日
磷酸三(2-氯乙基)酯(TCEP)	204-118-5	115-96-8	2015 年 8 月 21 日
2,4-二硝基甲苯	204-450-0	121-14-2	2015 年 8 月 21 日
六溴环十二烷(HBCDD)	221-695-9 247-148-4	134237-50-6 134237-51-7 134237-52-8 25637-99-4 3194-55-6	2015 年 8 月 21 日

　　与 REACH 法规相关的条目涉及以下条款：

　　① 56（1）在截止日期后，如果物质没有授权或者不属于豁免用途将无法投放市场；

　　② 56（2）下游用户使用物质时应根据给予授权时所规定使用的条件；

　　③ 65 授权持证人应在标签上包含授权号；

　　④ 66（1）下游用户使用已取得授权的物质时，应在首次收到物质 3 个月内向欧洲化学品管理局提交通报。

　　所以，本次主要检查是否满足授权义务，重点检查以下几个方面：

　　投放到市场或者使用的物质是否已经获得授权；

　　是否已经在最迟申请日期之前提交了授权申请但未获得授权；

　　投放市场或者使用的物质的用途是否可以豁免授权要求；

　　检查物质授权持证人以及根据 REACH 的第 66 条持证人是否满足授权要求。

　　最终检查结果汇总如下：

　　在截止日期后，真正投放市场或者使用授权的物质一共 67 起，而其中一共发现了 6 起违法 REACH 法规授权义务，占总的 67 起投放市场或者使用物质的 8.9%。另外有 16 起已经取得授权号，有 16 起已提交授权但尚未获得授权号也被视为已合规。 还有 30 起投放市场或者使用授权物质以豁免用途的方式来满足法规要求，主要集中在中间体、医疗器械以及科学研究为目的的使用，这些既满足了法规要求，又可以规避昂贵的授权应对（见表 4.6）。

表 4.6　第二次定向授权执法细目

名称	投放市场的物质	已获得授权物质	物质用途豁免授权	已提交授权尚未批准	触犯法规
邻苯二甲酸二异丁酯（DIBP）	3	0	3	0	
邻苯二甲酸二丁酯（DBP）	10	3	4	0	3
邻苯二甲酸丁基苄酯（BBP）	2	0	2	0	
邻苯二甲酸二(2-乙基己)酯（DEHP）	10	0	7	3	
［DBP＋DEHP］	1	0	1	0	
五氧化二砷	1	0	1	0	
三氧化二砷	5	1	4	0	
颜料黄 34	14	5	2	7	1
颜料红 104	13	5	2	6	
铬酸铅	1	0	1	0	
磷酸三(2-氯乙基)酯（TCEP）	1	0	1	0	
2,4-二硝基甲苯	1	0	1	0	
六溴环十二烷（HBCDD）	5	2	1	0	2
合计	67	16	30	16	6

4.15
限制物质清单内物质的注册后应对

4.15.1　限制和注册关系

根据欧盟 REACH 法规，注册和限制之间没有直接关系。 满足注册要求的物质，需要履行注册义务。 列入限制清单，即附件 XⅦ 清单的物质，需要履行限制义务。 两者是并列关系，并非非此即彼的关系。

如果企业生产、进口或使用的物质或混合物，既满足 REACH 注册的要求，同时又列入附件 XⅦ 限制清单，那么从合规的角度，企业既需要开展注册，同时又需要确保物质的含量或用途是在限制条件之外的，否则，即使物质获取了有效注册号，依然不能合法投向欧盟市场。

从企业成本考虑，考虑到 REACH 注册费用一般比较高昂，企业在启动正式注册前，可以事先查询一下物质是否列入限制清单（附件 XⅦ）。 如果物质列入限制清单，需要进一步确认限制清单中的限制条件。 如果企业生产的物质列在附件 XVII 清单中，且根据第二列条件，该物质是全面禁止的，那么不建议企业开展注册工作，因为即使企业斥资完成了欧盟 REACH 注册，该物质仍然在欧盟境内被全面禁止。 也就是说，即使有注册号，该物质依然无法合规地投向欧盟市场。 一旦物质被全面禁止，即使物质在混合物或者产品中仅仅是以杂质状态存在的，依然不允许进入欧盟市场。 因此欧盟境内的混合物或者产品进口商在进口前，必须严格确认产品中或者混合物中是否存在该物质。 如果物质在限制物质清单第二列中对特定终端产品中含量进行了限定，那么企业生产或者进口的时候，需要确认该终端产品中物质的含量必须低于该阈值，否则产品就会被限制生产或进口。

如果限制条件中涉及含量阈值，通常需要借助于检测的手段确认混合物或者产品中限制物质的含量，但限制物质的检测存在以下问题。

① 由于 REACH 法规只约定限制物质，未对限制物质的检测方法进行严格统一，因此，不同实验室的检测结果可能会因为采用的测试方法不同而有所差异。 在 2016 年，欧洲化学品管理局发布了 REACH 附件 XVII 限制清单推荐测试方法的指南文件，但是从指南文件中可以看到，大部分条目没有官方测试方法，也没有标准测试方法，需要实验室自行建立测试方法。

② 限制物质清单中有些条目规定的不是单一特定的化学物质，而是一类化学物质，如条目 45，限制物质是联苯醚的八溴代衍生物。 由于衍生物种类繁多，目前的技术手段可能还达不到对全部衍生物进行检测，因此检测结果可能与限制条件有出入。

③ 在检测技术无法实现的情况下，可能需要从物质/混合物/产品的原材料、工艺着手，判断是否存在限制物质。

4.15.2　对限制的监管

限制由欧盟成员国主管机构执行。 在英国，限制的监管由 HSE（健康安全执委会）、HSENI（北爱尔兰健康安全执委会）以及当地其他执法机构、环保局等联合执行，目前已经形成了欧盟范围内专门针对限制违法调查的联合执法项目。 此外，举报也是行之有效的方法之一。

2016 年的 REF4，也就是第四个 REACH 执行项目，主题是限制的统一监管，其目的就是提升公众、行业对附件 XVII 限制物质清单的意识。 在 REF4 项目中，有 29 个国家参与，其中 27 个国家汇报并整理了监管结果。 从 27 个国家的报告中可以了解到，对 5625 个产品进行了审查，其中覆盖 17 个物质、1009 个混合物以及 4599 个物品，涉及限制物质清单中 14 个不同的条目（14 个条目分别是苯；石棉纤维；镉及其化合物；镍及其化合物；氯仿；偶氮染料；联苯醚的八溴代衍生物；六价铬化合物；甲苯；三氯苯；多环芳烃 PAH；邻苯二甲酸盐；铅及其化合物）。 个别国家的产品审查范围，除了 14 个条目外，还额外增加了 8 个条目。

产品审查从 2016 年 3 月开始，大部分产品都是通过检测手段核查混合物或者物品中限制物质是否超标。5000 多个被审查的产品包括不同的类型，涵盖纺织品、珠宝首饰、塑料制品、黏合剂、喷漆、钎焊填充剂、玩具以及其他儿童产品。

最终审查结果显示，82％的产品符合限制要求。不合规产品最容易出现的问题是玩具中的邻苯二甲酸盐以及钎焊填充剂中的镉。

4.15.3　限制措施的未来趋势

限制的确是化学品管理不可或缺的有效手段，限制流程于 2009 年 6 月 1 日正式生效，在 10 个月后，第一份限制提案正式出炉。目前的限制物质清单，平均每年增加 2 个限制条目。

随着限制清单中物质、混合物以及物品特有的 CN 号的发展，会最大限度地便于主管当局及海关进行审核。也有主管当局建议，即使是豁免限制的产品，也应该给予一个特定的 CN 编号，便于更便捷的审查。

CN 号的查询需要调用国家海关数据库，因此，REACH 方面后续的监管，将会使各成员国主管当局和海关的联动执法更加紧密。对企业来说，如果产品违背限制条件，产品将无法顺利进入欧盟市场，无形之中增加了企业的违法成本。

5

REACH法规对输欧化学品的
影响及对策

5.1
主要影响

REACH法规对输欧化学品的不利影响如下。

一是直接增加企业运营成本。仅注册一项，每个产品要支出十几万到二百多万不等的费用，直接增加了企业的运营成本，企业利润被"收割"，研发费用被挤占，将严重削弱企业的竞争力。对于小微企业和产品品种比较多的企业，影响尤为严重。通过代理公司注册的企业，每年还需要支付一定的管理费用；通过在欧盟境内设立分公司进行注册的企业，每年还需要负担至少30万元的运营成本。

二是影响企业外贸自主权。根据法规规定，不允许境外生产企业直接注册，同时由于该法规非常庞杂，专业性极强，绝大多数生产企业只能寻求代理公司，并通过代理公司在欧盟的唯一代表（OR）进行注册，由OR出具吨位涵盖证明，OR的稳定性、专业性、抗风险性和独立第三方属性，对企业欧盟市场的持续稳定发展至关重要。少数通过进口商注册的企业，按照法规规定，不能销售给进口商以外未注册该物质的企业，只能被动接受进口商要求，一定程度上丧失了外贸自主权。

三是严重影响小微企业发展。大中型企业由于多年资金积累和技术积淀，一般能够较为轻松地应对。但对于以出口为主的小微企业来说，产品的注册费用将是一笔不小的负担，对企业正常发展的影响将更加明显：一是可能严重影响企业资金流，使企业背上严重的债务负担，且我国输欧盟化学品多为买方市场，很难将应对成本转嫁给国外进口商；二是经过核算，企业有可能完全放弃欧洲市场，不得不重新开拓欧盟以外的市场，需要更多的时间和成本投入。

同时，REACH法规对输欧化学品企业也有有利影响。

一是有利于企业抢占欧盟市场。法规相当于进入欧盟市场的"门槛"，将一些竞争力弱、效率低下、产品危害性大的企业挡在了"门槛"之外，对于一些国际竞争力比较强的产品来说，尽早自主完成注册尤其是领头注册，将很大程度上有利于抢占市场先机。同时，法规将欧盟各国化学品法规进行了统一，更有利于采取统一应对，降低单个国家的应对成本。

二是有利于更好控制产品风险。化学品完成注册及其他相应程序后，使企业对自己产品的各类风险有了全面的了解，充分理解并掌握这些数据，可以针对工人健康等方面采取对应措施，进行更有效的风险管理，防止安全事故的发生，从而比较好地控制产品风险。

三是有利于企业转型升级。法规从化学品的研发、生产和废弃物处理等各个环节都做出了严格的规定，制定了更高的标准，这必将使相关企业加快自身产业结构调整和产品结构升级换代的步伐，从而不断提高企业在国际市场上的竞争力。

5.2
影响方式

一是企业为顺利进入欧盟市场，不得不进行产品注册及后续工作，直接增加了企业运营成本；二是由于应对成本较高，导致部分小微企业或大中型企业的次要产品直接放弃注册，丧失了产品订单；三是列入 SVHC 清单的物质，需要得到授权后方能输入欧盟市场。

5.3
应对中存在的困难和问题

一是缺乏技术性贸易措施研究人员。 一方面，虽然部分大中型出口化学品企业有外语、化工、国际法等专业人员，但主要工作放在客户开发上，没有专业技术性贸易措施研究人员，对 REACH 法规等技术性贸易措施缺少法规解读和应对研究，多数情况只能被动接受。 另一方面，企业只注重"过坎"，不注重"提高"，通过代理做完注册或认证后就以为是一劳永逸，缺少持续跟进和合规研究。

二是缺少金融、政策等支持工具。 对比其他认证而言，REACH 单个产品的注册费用相对较高，给广大小微企业和产品品种较多的企业带来了沉重的负担。 据了解，仅有少数企业通过商务部门"中小企业国际市场开拓资金"获得了部分补贴，但必须是注册完成后申请。 多数企业在应对过程中，缺少政府政策资金支持和金融支持，只能依靠企业自有资金应对，严重影响了企业正常的经营活动。

三是缺少合作，单打独斗。 由于缺少应对协调机制，单个企业在应对过程中，相关行业企业或区域性企业之间信息彼此隔离，缺少合作和沟通交流，应对成本相对较高。

四是缺少主动性。 部分中小型企业对法规十分茫然，没有认清全球化学品管理的形势，存在一定程度的从众心理和"法不责众"的侥幸心理，相信"车到山前必有路"，"实在不行就放弃"，缺少积极应对的主动性。

五是只注重应对，不注重结果应用。 不少企业注册完成后，认为就是"船到码头车到站"，可以"一劳永逸"了，对产品注册的数据、信息束之高阁，从此不闻不问了，不注重数据管理和风险管理，没有真正将花钱买来的数据应用到企业风险管理、安全生产中。

六是未充分认识法规适用范围。 认为法规既然是化学品管理法规，应该是仅针对化学品企业，殊不知法规对配制品和物品也提出了注册要求，只要进口量/制造量超过 1 吨/年这个数量级，又不在免除范围之内的化学物质都要履行注册义务。

5.4
法规应对的启示

一是法规代表了世界化学品管理法规的发展趋势，必须积极主动应对。 法规开创了源头控制的理念，既有法规条文，又有技术标准，基于化学品危害和暴露两方面建立风险管理体系，以预防性原则作为化学品管理的基础，将管理责任由公共管理机构转移到企业，建立了统一的化学品管理机制。 目前，美国、日本、韩国、中国台湾、土耳其等国家和地区也纷纷出台类似法规，国内根据法规改革化学品管理框架的呼声也不断高涨。 这就要求广大化学品企业要充分认识到"无害化"已成为化学品管理追求的基本趋势，只有积极应对，不断积累应对经验和产品数据，才能保证国内和其他国家和地区市场的持续稳定。

二是充分认识数据对化学品管理的重要作用。 法规第 5 条明确规定"没有数据就没有市场"（"no data, no market"），即要求符合注册条件的所有物质都必须注册，否则就不能投放市场。 注册的数据是进行风险评估和风险管理的基础，是法规进行后续管理工作的重要依据。 通过注册的产品，企业在获得产品数据的同时，要对数据的重要作用有清醒的认识：数据有可能随时更新；数据是进入欧盟市场的基础；数据是企业的或企业与别人共有的，企业享有相应权益；注册的数据是全面和详实的，企业可以用于进行风险分析和风险管理的基础；数据要沿着企业的供应链向上下游传递，载体就是 SDS 或其他资料。

5.5
应对的意见建议

（1）国家层面

一是协调国际互认和 GLP 实验室认证。 法规的数据信息要求来自国际经济合作与发展组织（OECD）的良好实验室规范（GLP）认证实验室。 在法规将成为国际化学品管理新潮流的背景下，我国要在积极加入 OECD 的同时，进一步整合完善 CNAS 认可体系，建立化学品检测实验室 GLP 规范，全面构建国家 GLP 管理规范体系，开展 GLP 实验室认证工作，开展国际 GLP 互认谈判，促使符合相关要求的实验室出具的检测结果得到越来越多国家的认可。

二是完善技术性贸易措施应对体系。 目前，我国技术性贸易措施应对在基层仅仅表现在海关一年一度的调查方面，大部分工作仍停留在国家层面，广大企业只能被动接受。因此，针对技术性贸易措施，要进一步完善预警、报告、宣传、指导、培训、应对、反制等流程，建立从中央一直到相关企业的应对体系，制定技术性贸易措施的应对法律法规，实现信息交流和共享，形成便捷高效的应对体系。

（2）政府及相关部门、海关

一是加强沟通，及时采取针对性措施。政府及相关部门要开展针对性的调研，加强与海关的沟通，企业主动报告自身外贸过程中遇到的技术性贸易措施和应对困难。针对掌握的情况，制定相应针对性措施和政策，加大支持扶持力度，保证企业能够快速有效应对。

二是加大支持力度。由于商务部门"中小企业国际市场开拓资金"的资金规模有限，难以实现全部企业"雨露均沾"，且为事后补贴，不能很好发挥帮助企业"过坎"的作用。因此，需要政府及相关部门进一步加大扶持支持力度，对于应对企业在税收、环保等方面予以政策支持，协调金融机构提供应对贷款等金融服务，千方百计扩大支持企业专项资金规模，为企业应对保驾护航。

三是加强法规和应对措施研究。对法规及其他相关法规的研究是进行合理有效应对的前提和基础。建议建立一支由政府及相关部门、海关、行业协会、企业共同参与的研究队伍，集合外语、国际法、国际贸易等相关专业人员，共同开展法规和应对措施研究，合力突破技术性贸易壁垒。

四是要加大宣传力度，实现信息共享。法规使用范围不仅包括化学物质，还包括配制品和物品，一些对法规没有研究的企业还比较茫然，有可能在不知情的情况下忽然失去欧洲市场。这就要求政府外贸主管部门、海关、行业协会要进一步加大法规宣传力度，提高企业对法规的认知程度，引起业界的重视，并组织必要的培训和技术指导。海关要发挥在 TBT/SPS 方面所拥有的专业信息优势，建立预警机制和信息通报机制，提前通知企业做好应对工作。

（3）企业及行业协会

一是加快产品升级换代，走绿色环保之路。以法规为代表的"绿色壁垒"是国际市场，尤其是欧美发达国家惯用的技术性贸易措施，这就要求广大企业要加快产品升级换代，加快"无害化"化学品或替代品研制，进一步转变观念，树立起绿色生产、绿色营销的思想，不仅要保证产品品质过硬，更要保证产品绿色健康，才能顺利突破各类技术性贸易壁垒。

二是完善企业人员配置，建立专业应对团队。企业要有外语、国际法等专业人员，在出现类似法规等技术性贸易措施时，要建立专业研究团队，协调企业行政、财务、外联等各方面工作，加强技术性贸易措施的研究，制定科学高效的应对方案，开展合理应对。

三是认真研究，结合实际，合理应对。企业要对法规的主要内容、相关要求、注册方式等关键环节进行认真研究，结合自身产品情况、客户情况、产品用途等方面，制定合理规避或应对措施，最大限度地减少注册应对费用，争取最大收益。

四是加强合作，合力应对。 法规的注册涉及物质的上下游产品，企业合作不仅可以分摊费用，还可以使产业链的合作更加紧密。 这就要求行业协会要进一步加强组织协调，成立行业应对工作小组，统一实施应对方案，合力应对，克服单独一家企业单打独斗的局面。 同时，行业协会要在政府和企业间建立有效的沟通、协调机制，组织企业实施联合注册。

已经完成注册的企业要积累经验教训，持续做好合规工作，准备注册的企业要加强应对研究，合理制定注册方案，不准备注册的企业也要重视法规的研究，针对目标市场有可能采取的相似措施早做准备。 法规的应对我们积累了一定的经验，但更多的是教训。 总结经验、吸取教训、做好后续工作、持续做好技术性贸易措施应对工作，需要政府相关部门、海关、行业协会、企业通力协作，共同携手开拓"中国制造"的国际市场。

6

化学物质法规应对实例

6.1

拟注册物质

6.1.1 拟注册化学品应对建议

对于出口欧盟或者在欧盟境内生产、销售化学物质/混合物/物品的企业来说，应对 REACH 前，需要先对涉及的化学物质进行罗列和筛选。筛选的主要原则如下。

（1）是否满足豁免条款

① 根据 REACH 法规第 2 条第一章的内容，或者第 15 条第二章的内容，产品不需要应对欧盟 REACH 注册；

② 化学物质列入 REACH 法规附件 IV 的豁免物质清单，不需要应对 REACH 注册；

③ 化学物质满足 REACH 法规附件 V 任一豁免条目，可以豁免 REACH 注册。

（2）吨位是否超过 1 吨/年

化学物质，混合物中的化学组分以及产品中有意释放的物质，如果年生产或者进口量低于 1 吨/年，不需要开展 REACH 注册。

（3）是否为聚合物

如果产品是聚合物，聚合物本身可以豁免注册，但是需要对满足下列条件的单体以及其他参与反应的化学物质开展注册：

① 如果组成聚合物的以单体单元和化学键合物质形式存在的此类单体物质或其他物质的质量分数大于或等于 2%；

② 如果此类单体物质或其他物质总量大于或等于 1 吨/年。

（4）是否有唯一代表来进行注册

如果注册主体是欧盟境外的企业，需要委托唯一代表（OR）。一旦委托唯一代表后，可以告知欧盟境内进口商，可以减免欧盟进口商注册的义务，由此欧盟进口商的角色转换成了下游用户。

（5）是否需要进行查询

如果拟注册物质（现有物质）没有预注册号或者后预注册号，需要先收集定性定量谱图。有机物一般开展紫外、红外、核磁（氢谱和碳谱）、高效液相色谱或者气相色谱；无机物一般开展红外、X 射线衍射、滴定或者 ICP 等适用的定量检测方法；如果是离子化合物，除上述谱图要求外，需要额外提供阴、阳离子的定量分析；有手性原子的，还需要提供旋光度测试结果。有了完整的谱图后，可以向欧洲化学品管理局提交查询；如果拟注册物质是新物质，同样需要收集定性定量谱图提交查询，定向定量谱图要求如上所述。

（6）是否可以直接购买数据

查询通过后，可以确认物质是否有领头注册人（LR），如有，可以直接根据注册吨位以及注册用途（是否是严格可控中间体），通过向领头注册人购买数据授权信（LOA）的方式完成 REACH 注册。

（7）如果没有领头注册人

如查询通过后，确认该物质没有领头注册人，那么企业可以委托唯一代表担任领头注册人，以领头注册人的身份完成 REACH 注册。

（8）是否为中间体

如果要以严格可控中间体的身份完成注册，需要下游用户提供严格可控中间体声明以及风险管理控制文件。

（9）如何查询注册信息

一旦注册完成，可以在欧洲化学品管理局官网上查看注册信息，包括注册主体以及注册号。如果通过唯一代表完成注册，网站上显示的是唯一代表的名称；如果企业有显示自己企业名称的需求，可以告知唯一代表，唯一代表可以在名称后面备注非欧盟生产商的名字。

具体流程见图 6.1。

对于混合物来说，满足 1 吨/年以上的组分，无论其在混合物中的比例，都需要开展注册。

按照欧盟 REACH 法规，只要满足杂质的定义，无论其在化学物质中的比例，都是豁免 REACH 注册的。

REACH 下物质分为单组分物质、多组分物质以及 UVCB 物质（含有未知成分或可变组分的物质）。不同的物质，由于生产工艺不同，可能会有单组分物质和多组分物质的区别，因此建议企业一定要对注册物质进行定性定量谱图检测，以明确物质类型。具体联合提交注册意向会在 6.1.3 联合提交物质（物质举例）中做出更详细的说明。

6.1.2　领头注册人物质

（1）领头注册人定义

领头注册人即 Lead Registrant（LR），根据 REACH 法规第 11.1 和 19.1 条领头

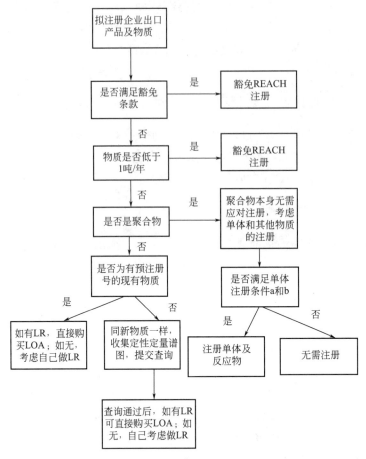

图 6.1　查询注册信息流程

注册人是指："one registrant acting with the agreement of the other assenting registrant（s）and who shall firstly submit the joint dossier"。当多个注册人对同一物质进行 REACH 注册时，为了保证一个物质一份注册卷宗的原则（one substance, one dossier），应由一位得到其他注册人同意并代表他们的注册人提交卷宗的核心数据部分，即分类标签、理化性质、毒理学数据以及生态毒理学数据，充当这种角色的注册人即为领头注册人。

（2）为何要当领头注册人

① 有效控制注册成本　欧盟企业作为领头注册人，数据费构成中很大一块是管理费用，又加上汇率原因导致中国企业感觉费用虚高，相反，如果由国内企业自己承担 LR 角色，注册成本将大幅度降低。

② 有效控制注册进程　企业作为领头注册人可对注册周期进行有效把控，尽早完成注册工作。

③ 掌握行业情况，了解市场需求　企业作为领头注册人可以了解该物质全球注册及潜在注册人情况，若仅仅领头注册人完成注册并无其他企业加入，则欧盟市场将

属于领头注册人一家企业。

④ 增加企业在全球范围的影响力　通常领头注册人由该行业内较大规模或较具影响力的企业承担。SIEF 成员中有大量的国际企业，通过担任领头注册人，可整体提升企业在此产品上的实力和知名度。

成为领头注册人，除了享受必要的便利外，对企业也提出更高层次的要求。企业需综合衡量该物质是否占据全球领先地位的产量，是否为公司的拳头产品，除此之外还需要衡量是否可以承担相关的先期投入。一般而言，1~10 吨/年完成注册的全部费用为 5 万欧元左右，10~100 吨/年为 30 万欧元左右，100~1000 吨/年和 1000+吨/年先期投入为 30 万欧元左右，在卷宗接受欧洲化学品管理局完整性审查后，针对附件Ⅸ和Ⅹ提交的测试计划（TP）开展的费用可能高达几万到几十万欧元。因此企业需综合考虑多方面因素，谨慎决定是否成为领头注册人。

（3）如何成为领头注册人

领头注册人的任命需通过所有 SIEF 成员正式的选举产生。如果有 2 个或 2 个以上领头注册人候选人，候选人之间可通过达成协议来决定由谁担任领头注册人并将结果告知 SIEF 成员；如果不能达成协议，即由其他潜在注册人投票选举产生领头注册人。如果没有领头注册候选人，欧洲化学品管理局指南中建议：领头注册人可以是生产或进口物质吨位最高的欧盟制造商或进口商。同时，欧洲化学品管理局建议应尽早完成 LR 的选举工作，并及时通过 REACH-IT 向所有 SIEF 成员和欧洲化学品管理局通报领头注册人任命结果。

（4）责任和义务

领头注册人作为注册人，应在注册截止日期前提交自己的注册卷宗。如果领头注册人的吨位低于其他注册人，建议领头注册人在注册截止日期前提交涵盖高吨位注册所需信息的卷宗，额外增加的费用应由其他高吨位注册人支付。SIEF 成员与领头注册人应在协议中明确各自的职责，以免未来发生问题时无据可依。

（5）主要工作内容

① 根据 REACH 法规第 11（1）和 19（1）条规定，代表联合提交的成员需提交相关注册信息和文件：

a. 法规中第 10（a）条中规定的信息；

b. 如有需要，根据法规第 10（Ⅸ）条对相关信息进行保密。

根据法规第 10（a）（v）和 10（b）条，LR 可自行决定卷宗是否包含化学品安全评估报告（CSR）；

确定物质同一性。

② 数据共享

a. 提出并建立 SIEF 内部章程，规定合作形式和决策制定程序，包括 pre-SIEF 中的交流；

b. 数据评估、相关数据的获取或共享、开展新实验；

c. 协议商定联合注册过程中所产生费用的公平分担；

d. 确认注册卷宗包括所有信息。

③ 分类标签的确定

a. 与欧洲化学品管理局及其他相关 SIEF 的沟通交流，在完成注册后继续维护 SIEF，吸纳新成员；

b. 应对官方卷宗审核和物质评估；

c. 卷宗更新。

领头注册人工作内容见图 6.2。

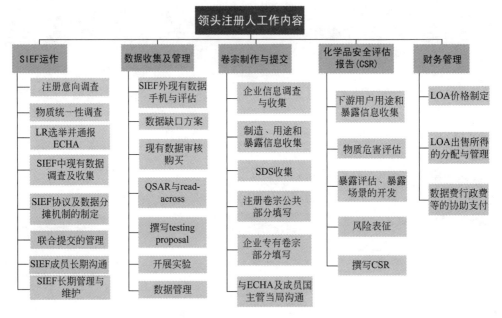

图 6.2　领头注册人的工作内容

（6）物质举例：丁酸二甲基苄基原酯 LR 注册

① 物质：丁酸二甲基苄基原酯，CAS：10094-34-5，注册吨位：100～1000 吨/年。

② 数据方案：

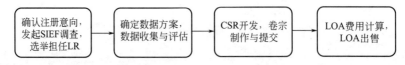

理化数据：由于法规并非强制要求 GLP 测试报告，这部分实验可委托国内的实验室进行测试，以降低实验成本。

毒理学生态毒理学数据：与另一已完成注册物质乙酸二甲基苄基原酯（CAS：151-05-3）的结构和性质进行相似性比对，采用"交叉参照法（read-across）"的方式获得数据，节省了多项不必要的测试，在保证合规的情况下有效节省成本，并大大缩减了注册周期。

按照 REACH 法规附件Ⅺ（调整附件Ⅶ至附件 X 规定的标准检测体制的通用规则）第 1（1.5）条物质分组和交叉参照法的规定：

某些在物理化学性质、毒理学和生态毒理学方面有可能相似，或者由于结果相似而遵循某个规则模式，可以视为是一组，或者一"类"物质。 随着"组"概念的应用，就要求通过在组内插入其他参考物质（交叉参照法），从"组"内的一种参考物质的数据可以预测到该种物质的物理化学特性、人类健康影响和环境影响或环境结果。 这就避免了为了每种物质的每个重点都进行试验的要求。

③ 测试计划：对于附件Ⅸ内不能豁免的节点，提交测试计划。 测试计划的策略，不仅大大缩减了获取注册号的时间，同时，注册者也大大降低了前期的投入。但是，测试计划一旦经欧洲化学品管理局审查，要求开展相关测试，注册者必须及时联系相关有资质的 GLP 实验室开展测试或者购买数据，以满足节点需要。

④ 注册周期：10 个月。

⑤ LOA 出售：注册完成后根据潜在注册人数和吨位，计算各吨位数据授权信费用。 联合注册人签署数据授权信购买协议并支付相应费用后，领头注册人发放联合提交名称（JS name）和验证码（token）。

（7）物质举例：环状磷酸酯联合体注册

① 物质：环状磷酸酯，CAS：170836-68-7，注册吨位：100～1000 吨/年。

组建联合体：该物质有多家高吨位企业同时参与注册，这种情况下可考虑组建联合体，在注册初期就由联合体成员共同分摊费用，成员可获得数据所有权，可能用于其他国家化学品法规注册，并参与制定费用分摊机制。 同时，加入联合体可扩展交流平台，了解最新国际市场行情。

② 数据方案

a. 理化数据委托国内实验室开展；

b. SIEF 成员中有企业持有部分的毒理学、生态毒理学数据，考虑到缩短注册周期，并且出于动物保护原则减少不必要的动物实验，向数据持有人购买这部分数据报告用于注册；

c. 开展 GLP 实验，根据欧洲化学品管理局指导性文件，以下 GLP 报告是被欧洲化学品管理局官方认可的：

③ OECD 成员国 GLP 实验室报告；

a. OECD 数据互认（MAD）体系内国家 GLP 实验室报告；

b. 其他国家 GLP 实验室报告，仅限于得到欧盟国家或 OECD 成员国认可并监测的实验室。

④ 注册周期：8 个月。

（8）物质举例:中间体注册＜1000 吨/年 LR 注册

低于 1000 吨/年的 SCC 中间体，注册数据仅限于"现有数据"，包括：自己持有的数据以及公开可获得数据。 对于现有数据为"0"的物质，不建议"0"数据提交，需根据物质性状开展以下一些理化项目。

固体：熔点、密度、蒸气压、水溶性、辛醇/水分配系数、可燃性、颗粒度等。

液体：闪点、沸点、水溶性、辛醇/水分配系数、自燃温度等。

注册周期：3～6个月。

6.1.3 联合提交物质

如果某个物质已经有领头注册人，如其他企业也要注册的话，则不需要再单独向欧洲化学品管理局提交相关数据，可以通过向领头注册人购买数据授权信的形式，获得数据在 REACH 法规下的引用权，进行该物质的注册。

（1）通过购买数据授权信的方式参与联合提交的工作流程

第一步：数据授权信价格询问，确认是否购买数据授权信。

第二步：谱图测试，确保物质满足领头注册人提供的物质同一性的文件（即 SIP）。

谱图测试是对物质进行定性定量的分析。 每个物质具体要进行哪种谱图的检测，主要是依据该物质的结构而定。 物质同一性文件的英文全称为 substance information profile，是领头注册人修订的一份物质信息简介的文件，主要是从定性与定量的角度对物质进行解析。

第三步：检查是否做过后预/预注册或者查询。

对于分阶段物质如果没有做过后预/预注册，则要先进行查询。 后预注册已于2018 年 5 月 31 日结束，所以 2018 年 5 月 31 日之后，所有未做过后预/预注册的分阶段物质在正式注册之前，均要进行查询。

同样，非分阶段物质则要做查询。

第四步：与领头注册人商讨购买数据授权信事宜，获得数据的引用权。

第五步：收集信息，制作联合提交卷宗。

收集的信息主要涉及两个方面，一是企业提供的资料，比如待注册物质的生产工艺，前三年出口的吨位等。 二是领头注册人提供的资料，支付完领头注册人的数据授权信费用之后，领头注册人会发给企业相关的注册资料（比如联合提交名称与密钥、相关的注册数据等）。

根据领头注册人与企业提供的文件，就可以进行卷宗的制作，卷宗做完，提交至欧洲化学品管理局之后，会收到欧洲化学品管理局分配的发票（金额根据注册吨位而定），支付完行政费之后，通常 3～5 个工作日之后会拿到注册号。

从最初的 LOA 询价到最终拿到注册号，整个过程大概花费 3 个月左右的时间。

（2）通过购买 LOA 的方式参与联合提交的优势分析

① 分摊数据费用，节约成本 通过购买数据授权信，参与注册的企业可以与领

头注册人一起分担相关数据测试费用，大大缓解企业的财政压力。

② 及时关注物质注册的动态　拿到注册号之后，并不意味着注册工作的完成，后续欧洲化学品管理局还会对领头注册人提交的卷宗继续进行监管与审核，并把相关信息及时传达给完成注册的企业，完成注册的企业可以在第一时间了解这个物质的监管状态。　与其他注册人一起共同应对欧洲化学品管理局的监管和评估，减轻企业压力。

（3）案例分析 1

国内某企业有一个产品癸基葡糖苷（EC 500-220-1），打算出口到欧盟境内，出口吨位 100～1000 吨/年。　该如何开展相关注册工作？

注册流程如下。

① 首先委托国内的 OR（唯一代表）进行数据授权信费用的询价：该物质的领头注册人为 BASF，经 OR 问得，该物质的数据授权信费用为 100～1000 吨/年：3 万欧元左右；

② 安排谱图测试　该物质属于 UVCB 类物质，经分析，需要安排如下谱图：IR、UV、^{1}H-NMR、^{13}C-NMR、HPLC、HPLC-MS。　谱图测试完毕，与 BASF 提供的 SIP 文件进行核对，符合物质同一性要求；

③ 检查该企业是否委托过其唯一代表做过后预/预注册或查询：经唯一代表核对，该物质未做过预注册，则需要先做查询。　根据企业做的谱图，安排查询卷宗的制作，由于这个物质属于 UVCB 类的物质，查询之前，还需企业提供的生产工艺。查询卷宗提交完之后，通常 1 个月左右会有查询结果；

④ 查询通过之后，进行数据授权信的购买事宜；

⑤ 数据授权信购买完之后，制作注册卷宗，提交给欧洲化学品管理局，支付完欧洲化学品管理局的行政费（9236 欧元）之后，欧洲化学品管理局会分配注册号。

（4）案例分析 2

某企业打算出口 50 吨/年的丙烯酸（CAS 79-10-7）到欧盟，注册流程如下。

① 确认数据授权信费用。　丙烯酸类的物质是由 Acrylate REACH Task Force 联合体管理的，这家联合体的成员有 Arkema France、BASF SE、The Dow Chemical Company、Evonik-Stockhausen GmbH.、Hexion Specialty Chemicals, Inc.、Sasol Chemical Industries、LG Chem, Ltd.、Nippon Shokubai Co., Ltd.　主要由一些化工巨头组成。　这些企业组成联合体，可共同分担注册的数据费用。　此外这些企业通常拥有多位经验丰富的毒理学专家，在应对欧洲化学品管理局评估这一块，具有很强的优势。

② 丙烯酸的数据授权信费用在注册截止期（2018-05-31）之前，费用通常是固定的，比如 10～100 吨/年：5000 美元。

③ 谱图测试：该物质结构简单，常规的有机谱图即可：IR、UV、^{1}H-NMR、^{13}C-

NMR、GC、HPLC。

④ 检查该企业是否委托过其唯一代表做过后预/预注册或查询，经唯一代表确认，做过预注册。

⑤ 购买数据授权信。

⑥ 制作卷宗并提交。

⑦ 支付给欧洲化学品管理局的行政费用后，经过完整性审查，即可获得注册号。

（5）案例分析3

某企业打算每年出口60吨/年的（2,4,6-三甲基苯甲酰基）二苯基氧化膦（CAS 75980-60-8）到欧盟，注册流程如下。

① 首先委托国内的OR（唯一代表）进行数据授权信费用的询价。经唯一代表确认，该物质的数据授权信费用为10~100吨/年：6万欧元左右。

② 谱图测试，该物质结构简单，常规的有机谱图即可：IR、UV、^{1}H-NMR、^{13}C-NMR、GC、HPLC。

③ 检查该企业是否委托过其唯一代表做过后预/预注册或查询，经唯一代表确认，已完成预注册。

④ 进行数据授权信的购买事宜：该物质在数据授权信购买阶段，领头注册人回复非常不积极。出于商业竞争考虑，有些领头注册人会选择故意拖延竞争对手的注册，以此来控制竞争对手的相同产品进入欧盟市场的时间。为了避免REACH注册成为商业倾轧的工具，潜在注册人可以申请由欧洲化学品管理局介入来维护自己的权利：通常注册人可以把自己与领头注册人的联系记录（包括邮件或电话）发给欧洲化学品管理局。欧洲化学品管理局在收到待注册人提交的投诉信之后，会进行处理，可要求领头注册人提供与潜在注册人的交流记录，对比两家提供的交流记录，欧洲化学品管理局会做出仲裁。最终本案例，由于领头注册人违反了数据共享义务，欧洲化学品管理局判定潜在注册人可免费使用领头注册人的数据用于REACH注册。

⑤ 制作卷宗并提交。

⑥ 支付给欧洲化学品管理局的行政费用后，经过完整性审查，即可获得注册号。

（6）以选择性退出（opt-out）的方式参与联合提交

作为联合提交的一员，除了上述提到的几种方式外，企业还有一个方式可以参与联合提交：即企业如果质疑领头注册人提供的数据质量，或者认为领头注册人提供的数据授权信费用过于昂贵，可以通过opt-out的方式，向欧洲化学品管理局提交自己的数据。但是考虑到opt-out要求企业自己准备相关数据节点（选择opt-out的节点），这样做比较花费时间。此外像健康毒理、生态毒理这些数据，要求是在欧盟境内有资质的GLP实验室开展，费用比较昂贵。所以通常情况下不建议选择opt-out方式来完成注册。

6.2

清单内物质应对

6.2.1　SVHC 清单内物质（拟注册及注册完成后工作）

案例 1：中国某生产商 A 拟向欧盟出口偶氮二甲酰胺［Diazene-1,2-dicarboxamide；N,N'-azodi(formamide)，ADCA］，年出口量为 3 吨。

案例 2：中国某生产商 B 拟向欧盟出口一批塑料拖鞋。拖鞋中 ADCA 的含量为 0.5%，拖鞋年出口总量为 1000 吨。

① 供应链中的角色确认　两个厂家都是非欧盟制造商。

② 产品是物品还是物质　案例 1 是物质，案例 2 是物品。

③ 是否需要信息传递（法规第 33 和 34 条）　ADCA 于 2012 年 12 月 19 日列入 SVHC 清单，属于高关注度物质。根据法规要求，两个案例都需要履行传递信息的义务。

④ 物品中是否含有意释放物质（法规第 7 条）　案例 1 中属于物质，需要承担注册义务；案例 2 中物品无有意释放物质，所以无需承担注册义务。

⑤ 是否需要通报（法规第 7 条）　ADCA 列入候选物质清单内，需要根据 REACH 法规，判断是否满足相关条件。案例 2 中的 ADCA 总量为 1000 吨/年 × 0.5%＝5 吨/年，含量大于 0.1% 且总量大于 1 吨/年，所以需要在 2013 年 6 月 19 日前履行通报的义务。详见下表：

物质标识	统一分类	物品中的含量（质量分数）
偶氮二甲酰胺 EC：204-650-8 CAS：123-77-3	H334　呼吸致敏物　类别 1	0.5%

案例 1 中注册完成后，因为 ADCA 属于高关注度物质，有可能被列入后续的授权清单内，所以应关注授权清单的更新状况，一旦被列为授权物质，需要完成欧洲化学品管理局授权才可以在截止日期后继续贸易。

案例 2 在通报完成后，若 ADCA 列为授权物质，则无需承担授权责任，因为物品中的物质不适用于授权要求。

6.2.2　授权物质清单内物质（注册物质及注册完成后工作）

6.2.2.1　如何应对注册

授权物质与一般的物质注册相同，并没有额外的流程。以联合提交为例，中国境内的生产商通过唯一代表（OR）向领头注册人（LR）购买数据，然后通过 REACH-IT 提交注册卷宗，缴纳欧洲化学品管理局开具的发票后，即可收到注册号，完成 REACH 注册过程。

以三氧化铬为例，之前 100～1000 吨/年这个吨位的注册数据授权信为 1 万多欧元，企业需要通过唯一代表向领头注册人 Lanxess Chromium REACH consortium 支付相关的数据费用，领头注册人在收到相应的款项后，就会发送相应的密钥，通过确认密钥，唯一代表就可以上传事先制作好的成员卷宗。 随即，欧洲化学品管理局就会开具行政费发票金额为 8625 欧元的发票，通过 OR 支付了这笔费用后，大约在 1 周之内，就能够获得 01 开头的注册号，标志着 REACH 注册已顺利完成。

值得一提的是由于大部分授权物质通常具有 CMR 特性，其分类往往会导致注册截止期限大大提前，只要吨位超过 1 吨/年，具有 CMR 特性的物质的注册截止期限就会提前至 2010 年 12 月 1 日。 因此，授权物质和一般的注册物质应对注册从流程上来看并无任何差别，但是注册截止期限往往会大幅提前，一般来说，往往会导致在 2010 年 12 月 1 日前完成注册。 另外，由于 CMR 或者 PBT/vPvB 特性，会导致其暴露场景的使用条件非常严苛，需要采取足够的防护措施来保护工人健康或者环境安全不受影响。

6.2.2.2　注册后如何应对授权

由于注册和授权是 REACH 所规定的两种完全不同的义务，彼此互相独立。 因此，授权物质在注册完成后，还必须在最迟申请日期前提交相应的授权卷宗才能保证在截止日期后投放授权物质到欧盟市场不受影响。

仍然以三氧化铬为例，其注册截止期限为 2010 年 12 月 1 日，所有投放欧盟市场的企业应在这个时间之前完成相应的 REACH 注册。 而三氧化铬授权的最迟申请日期为 2016 年 3 月 21 日，截止日期为 2017 年 9 月 21 日，企业应在 2017 年 3 月 21 日前提交相应的授权卷宗，才能保证日落之后物质投放市场或者使用不受影响。

为了更好应对授权，所有三氧化铬的注册人包括生产商、进口商、下游用户于 2012 年年初成立了授权联合体 CTAC，其主要目的就是帮助所有注册人共同应对授权。 该授权联合体分为督导委员会和技术委员会，分别从管理和技术两方面进行管理，同时还聘请了资深的服务机构担当秘书进行联合体运作。 由于众多企业在使用三氧化铬，集中在表面处理行业，在收集用途、制定暴露场景、制定合理的风险管理措施时花费了大量精力，需要和行业内的企业讨论相应的用途描述是否合理，能否做到相应的风险管理措施，当前是否有替代物，替代物/替代技术进展如何？ 由于授权和用途数目紧密相关，用途越多，需要花费的费用越多。 经历了无数次相关内部会议、技术研讨会。 最终，决定仅仅对 6 种常见的用途进行授权，已包括目前在欧盟广泛使用的用途，此外，包括了 2～3 家企业提出的额外的 3 种用途，除此之外的其他用途则不包括在内。 经过历时 3 年的努力，于 2015 年 5 月 21 日由朗盛公司代表 CTAC 联合体顺利提交了授权卷宗，其他成员想搭联合提交的顺风车，需要缴纳包括授权行政费、用途费用以及管理费用在内的多项费用，一共需要缴纳 10～15 万欧元左右的费用，就可以和朗盛公司一起提交授权卷宗。 至此，宣告三氧化铬应对授权顺利告一段落。

之后，欧洲化学品管理局对提交的授权卷宗进行详细审核，重点是审查化学品安全报告和社会经济分析报告，检查风险是否可控；检查与风险相比，社会经济利益是否更重要。 最终给出了授权的决定，但同时给出了 7 年的复审期，意味着该物质 7 年后，如果替代物质/替代技术有进一步进展，就可能面临取消授权。 如果之前提交的授权信息有了改变，这些更新的信息也应重新提交，在复审过程中会重点检查这些信息。

此外，在获得授权之后，其下游用户在该物质首次供应 3 个月内应通知欧洲化学品管理局，否则，将违反相关义务。

6.2.3　限制物质清单内物质（拟注册及注册完成后工作）

例 1　丙烯酰胺（CAS：79-06-1）

中国某企业，REACH 法规生效后，于 2010 年委托唯一代表完成了丙烯酰胺（CAS：79-06-1）的正式注册，注册吨位是 10～100 吨/年。 该物质的领头注册人是 SNF SAS。 截至 2018 年 8 月 18 日，已经有 54 家企业完成了正式注册，并获取了有效注册号。

2011 年，该物质被正式列入限制物质清单的第 60 项。 限制条件是：在 2012 年 11 月 5 日之后，当以物质或混合物的形式其浓度大于或等于 0.1%（质量分数）时，不可置于市场作为灌浆（材料）使用。 该物质被列入 XVII 原因如下：根据 REACH 法规第 137（1）条的过渡期规定，为保证丙烯酰胺符合（EEC）No 793/93 条例作为致癌 1 类和致畸 1 类物质的风险达到控制要求；将该物质列入 REACH 法规附件 XVII 以便对其在市场上的用途和用量做出限制，以保护人类健康和环境安全。

该注册企业的主要用途是合成聚合物。 丙烯酰胺被列入限制清单中，唯一代表传递了该物质的限制条件，以确保企业出口的产品或者确保下游的产品满足限制要求，以免因不遵从限制条款被施以罚则。

例 2　甲醇（CAS：67-56-1）

甲醇是基本有机原料之一，主要用于制造甲醛、乙酸、氯甲烷和硫酸二甲酯等多种有机产品；也是制造农药、医药、塑料、合成纤维的原料；用作分析试剂，如做溶剂、甲基化试剂、色谱分析试剂等。 甲醇也是清洗去油剂的主要成分。

截至 2018 年 8 月 18 日的统计数据，已经有 237 家企业完成了甲醇的欧盟 REACH 注册，并获取了有效注册号。

2018 年 4 月 19 日，欧盟官方公报发布，颁布法规（EU）2018/589，将甲醇加入 REACH 法规附件 17，限制物质清单第 69 项，法令在自欧盟公报发布之日 20 天后生效。 该条例具有约束力，并直接适用于所有欧盟成员国。

其限制条件是：自 2019 年 5 月 9 日之后，挡风玻璃清洗液或除霉液中该物质浓度大于或等于 0.6%（质量分数），不得投放市场。

对甲醇注册企业，如果出口欧盟的产品是玻璃清洗液或除霉液，需要提前对产品中的甲醇进行测定，确保含量低于 0.6%（质量分数），否则产品无法进入欧盟市场；如果出口的产品是化学物质甲醇，也需要将限制条件传达告知用于生产玻璃清洗液或除霉液的进口商。

如果企业有出口甲醇，且吨位即将超过 1 吨/年，尚未开展 REACH 注册工作。考虑到注册和限制是 REACH 法规下不同的义务，没有注册号，甲醇无法出口欧盟。因此，对广大出口甲醇的企业，当务之急，需要先完成欧盟 REACH 注册。

例3　全氟辛酸及盐类

2017 年 6 月 14 日，欧盟在其官方公报上发布（EU）2017/1000，新增 REACH 法规附件 XVII 第 68 项关于全氟辛酸（PFOA）的限制条款，正式将 PFOA 及其盐类和相关物质纳入 REACH 法规限制清单。法规将于官方公报发布后第 20 天开始生效，适用于所有成员国。根据（EU）2017/1000，欧盟 REACH 法规附件 XVII 新增以下条款。

全氟辛酸（PFOA）的限制规定：自 2020 年 7 月 4 日起，该物质本身不得生产或投放市场。自 2020 年 7 月 4 日起，当 PFOA 及其盐类物质含量 $\geq 25ppb$（$1ppb = 10^{-9}g/g$）或者 PFOA 相关物质单项或者多项的总量 $\geq 1000ppb$ 时，以下用途不得用于生产或投放市场：作为另一种物质的组成成分混合物品。除了给予以下物品用途缓冲期外，此新法规将于 2020 年 7 月 4 日正式实施。

自 2022 年 7 月 4 日起实施：用于制造半导体的设备乳胶印刷油墨。

自 2023 年 7 月 4 日起实施：用于保护工人健康和安全的纺织品用于医用纺织品、水处理过滤、生产过程和污水处理的膜等离子体纳米涂层。

自 2032 年 7 月 4 日起实施：93/42/EEC 指令范围内除植入性医疗装置以外的医疗器械。

以下情况豁免限制条款：

① 生产 93/42/EEC 指令范围内的植入性医疗器械。

② 用于胶片、纸张或印刷版的摄影涂层。

③ 半导体光刻过程或化合物半导体蚀刻过程。

④ 2020 年 7 月 4 日前投放市场的压缩灭火泡沫混合物，或被用于生产其他灭火泡沫混合物。

⑤ （EC）No 850/2004 法规附件 I A 部分列出的全氟辛烷磺酸及其衍生物。

全氟辛酸（PFOA）具有持久性、生物蓄积性和毒性，会对环境和人类健康造成严重和不可逆转的影响。全氟辛酸可以通过消化道和呼吸道吸收，很少经过皮肤吸收。全氟辛酸进入生物体内后，主要在肝脏和血液中分布，通过尿和粪便排出体外。医学研究证实，全氟辛酸的生物半衰期存在显著的种属差异，有研究人员观察工作中接触全氟辛酸的作业人员，推算出人体内全氟辛酸的生物半衰期长达 4.37 ± 3.53 年。

全氟辛酸（PFOA）及其盐类和 PFOA 衍生物被广泛用于各种消费品领域，常用于纺织品防水涂层和服装、纺织品和地毯的防污涂层等产品表面处理。作为生产服装的大国，该限制条款给中国的纺织品出口企业带来了巨大的冲击。

全氟辛酸是典型的需要从出口产品排查是否含有限制物质的案例。由于中国是世界闻名的纺织品大国，对广大纺织品出口企业，出口前一定要对产品中的全氟辛酸及其盐类进行必要的化学检测。以免因为违反限制条款，产品无法进入欧盟市场。

附　录

附录 1　注册相关行政费用（单位：欧元）

根据 2015 年 6 月 4 日实施的委员会实施条例（EU）2015/864 号公布的行政费用，具体如下。

（1）一般物质提交注册的收费和费用说明

标准费用

吨位范围	个人提交	联合提交
1～10 吨的物质费用	1739	1304
10～100 吨的物质费用	4674	3506
100～1000 吨的物质费用	12501	9376
1000 吨以上物质费用	33699	25274

对中小企业费用的减免

吨位范围	中型企业		小型企业		微型企业	
	个人提交	联合提交	个人提交	联合提交	个人提交	联合提交
1～10 吨	1131	848	609	457	87	65
10～100 吨	3038	2279	1636	1227	234	175
100～1000 吨	8126	6094	4375	3282	625	469
1000 吨以上	21904	16428	11795	8846	1685	1264

（2）根据（EC）第 1907/2006 号条例第 17（2）条、第 18（2）和（3）条或第 19 条提交的注册费用

标准费用

项目	个人提交	联合提交
费用	1739	1304

中小企业的费用

项目	中型企业 （个人提交）	中型企业 （联合提交）	小企业 （个人提交）	小企业 （联合提交）	微企业 （个人提交）	微企业 （联合提交）
费用	1131	848	609	457	87	65

（3）根据（EC）第1907/2006号条例第22条更新注册费用

更新吨位范围的标准费用

吨位	个人提交	联合提交
从1～10吨到10～100吨不等	2935	2201
从1～10吨到100～1000吨不等	10762	8071
从1～10吨到超过1000吨的范围	31960	23970
从10～100吨到100～1000吨不等	7827	5870
从10～100吨到超过1000吨	29025	21768
从100～1000吨到1000多吨不等	21198	15898

降低中小企业为吨位范围更新的费用

吨位	中型企业（个人提交）	中型企业（联合提交）	小企业（个人提交）	小企业（联合提交）	微企业（个人提交）	微企业（联合提交）
从1～10吨到10～100吨不等	1908	1431	1027	770	147	110
从1～10吨到100～1000吨不等	6995	5246	3767	2825	538	404
从1～10吨到超过1000吨的范围	20774	15580	11186	8389	1598	1198
从10～100吨到100～1000吨不等	5087	3816	2739	2055	391	294
从10～100吨到超过1000吨	18866	14150	10159	7619	1451	1088
从100～1000吨到1000多吨不等	13779	10334	7419	5564	1060	795

其他更新的费用

更新类型		个人提交	联合提交
涉及法人资格变更的注册人身份变更	1631		
在提交信息中授予访问权限的更改	杂质或添加剂的纯度和/或身份等级	4892	3669
	相关吨位带	1631	1223
	研究概要或强大的研究概要	4892	3669
	安全数据表中的信息	3261	2446
	物质的商品名称	1631	1223
	IECAC号（EC）第1907/2006号条例第119(1)(a)条提及的非阶段物质的IUPAC名称	1631	1223
	用作中间体的第(EC)1907/2006号条例第119(1)(a)条所述物质的IUPAC名称,用于科学研究开发或以产品和工艺为导向的研究与开发	1631	1223

中小企业为其他更新的费用

更新类型	中型企业		小企业		微企业	
涉及法人资格变更的注册人身份变更	1060		571		82	
更新类型	中型企业（个人提交）	中型企业（联合提交）	小企业（个人提交）	小企业（联合提交）	微企业（个人提交）	微企业（联合提交）
在提交信息中授予访问权限的更改　杂质或添加剂的纯度和/或身份等级	3180	2385	1712	1284	245	183
相关吨位带	1060	795	571	428	82	61
研究概要或强大的研究概要	3180	2385	1712	1284	245	183
安全数据表中的信息	2120	1590	1141	856	163	122
物质的商品名称	1060	795	571	428	82	61
IECAC 号（EC）第 1907/2006 号条例第 119（1）（a）条提及的非阶段物质的 IUPAC 名称	1060	795	571	428	82	61
用作中间体的第（EC）1907/2006 号条例第 119（1）（a）条所述物质的 IUPAC 名称，用于科学研究开发或以产品和工艺为导向的研究与开发	1060	795	571	428	82	61

（4）根据（EC）第 1907/2006 号条例第 10（a）点（ⅩⅠ）的要求收取的费用

标准费用

要求保密的项目	个人提交	联合提交
杂质或添加剂的纯度和/或身份等级	4892	3669
相关吨位带	1631	1223
研究概要或强大的研究概要	4892	3669
安全数据表中的信息	3261	2446
物质的商品名称	1631	1223
IECAC 号（EC）第 1907/2006 号条例第 119（1）（a）条提及的非阶段物质的 IUPAC 名称	1631	1223
用作中间体的第（EC）1907/2006 号条例第 119（1）（a）条所述物质的 IUPAC 名称，用于科学研究开发或以产品和工艺为导向的研究与开发	1631	1223

中小企业的费用

要求保密的项目	中型企业（个人提交）	中型企业（联合提交）	小企业（个人提交）	小企业（联合提交）	微企业（个人提交）	微企业（联合提交）
杂质或添加剂的纯度和/或身份等级	3180	2385	1712	1284	245	183
相关吨位带	1060	795	571	428	82	61
研究概要或强大的研究概要	3180	2385	1712	1284	245	183
安全数据表中的信息	2120	1590	1141	856	163	122
物质的商品名称	1060	795	571	428	82	61
IECAC 号（EC）第 1907/2006 号条例第 119（1）（a）条提及的非阶段物质的 IUPAC 名称	1060	795	571	428	82	61

要求保密的项目	中型企业（个人提交）	中型企业（联合提交）	小企业（个人提交）	小企业（联合提交）	微企业（个人提交）	微企业（联合提交）
用作中间体的第（EC）1907/2006号条例第119(1)(a)条所述物质的IUPAC名称，用于科学研究开发或以产品和工艺为导向的研究与开发	1060	795	571	428	82	61

（5）根据（EC）第1907/2006号条例第9条，PPORD通知的费用和收费

PPORD 通知费用

标准费	544
降低中型企业的费用	353
降低小企业费用	190
降低微型企业的费用	27

延长 PPORD 豁免的费用

标准收费	1087
减少中型企业的收费	707
减少小企业收费	380
减少微型企业的收费	54

（6）根据（EC）第1907/2006号条例第62条提出申请的费用

标准费用

基础费	54100
物质追加费用	10820
每次使用额外费用	10820
每个申请人的额外费用	其他申请人不是中小企业：40575
	其他申请人为中型企业：30431
	额外申请人为小型企业：18259
	其他申请人是微型企业：4058

中型企业的费用

基础费	40575
物质追加费用	8115
每次使用额外费用	8115
每个申请人的额外费用	其他申请人为中型企业：30431
	额外申请人为小型企业：18259
	其他申请人是微型企业：4058

小企业费用

基础费	24345
物质追加费用	4869
每次使用额外费用	4869
每个申请人的额外费用	额外申请人为小型企业:18259
	其他申请人是微型企业:4058

微型企业的费用

基础费	5410
物质追加费用	1082
每次使用额外费用	1082
每个申请人的额外费用	额外申请人:4057

（7）根据（EC）第 1907/2006 号条例第 61 条审查授权的费用

标准费用

基础费	54100
每次使用额外费用	10820
每物质附加费用	10820
每个申请者需要额外收费	其他申请人不是中小企业:40575
	其他申请人为中型企业:30431
	额外申请人为小型企业:18259
	其他申请人是微型企业:4058

中型企业收费

基础费	40575
每次使用额外费用	8115
每物质附加费用	8115
每位申请者需要额外收费	其他申请人为中型企业:30431
	额外申请人为小型企业:18259
	其他申请人是微型企业:4058

小企业收费

基础费	24345
每次使用额外费用	4869
每物质附加费用	4869
每位申请者需要额外收费	额外申请人为小型企业:18259
	其他申请人是微型企业:4058

微型企业收费

基础费	5410
每次使用额外费用	1082
每物质附加费用	1082
每位申请者需要额外收费	其他申请人是微型企业:4058

（8）根据（EC）第 1907/2006 号条例第 92 条提出的上诉费用

标准费用

对以下决定提出上诉：	费用
（EC）第 1907/2006 号条例第 9 条或第 20 条	2392
（EC）第 1907/2006 号条例第 27 条或第 30 条	4783
（EC）第 1907/2006 号条例第 51 条	7175

中小企业的费用

对以下决定提出上诉：	费用
（EC）第 1907/2006 号条例第 9 条或第 20 条	1794
（EC）第 1907/2006 号条例第 27 条或第 30 条	3587
（EC）第 1907/2006 号条例第 51 条	5381

附录 2 术语及缩略语

术语中英文对照

Actors in the supply chain	供应链参与者
Alloy	合金
Article	物品
Competent authority	主管机构
Environmental hazard assessment	环境危害评估
Human health hazard assessment	人类健康危害评估
Identified use	确认的用途
In vitro methods	体外试验方法
Joint registration	联合注册
Mono-constituent substance	单组分物质
Monomer	单体
Multi-constituent substance	多组分物质
Non-isolated intermediate	非分离中间体
Non-Phase in substance	非分阶段物质
Not chemically modified substance	未经化学改性的物质
Notified substance	通报的物质
On-site isolated intermediate	现场分离中间体
Phase-in substance	分阶段物质
Placing on the market	投放市场
Preparation	配制品
Pre-registration	预注册
Product and process orientated research and development	以产品和工艺为导向的研发
Read-across approach	交叉参照法
Registrant	注册人
Registration dossier	注册卷宗
Risk assessment	风险评估
Robust study summary	充分研究摘要
Site	场所
Substance	物质
Tests on vertebrate animals	脊椎动物试验
Transported isolated intermediate	运输的分离中间体
Use and exposure category	用途和暴露种类
Weight of evidence	证据权衡法

缩略语中英文对照

缩略语	英文	中文
BCF	Bioconcentration factor	生物富集因子
C&L	Classification and labeling	分类与标记
CAS	Chemical Abstracts Service	化学物质索引
CBI	Confidential Business Information	商业敏感性信息
CMR	Carcinogenic mutagenic toxic to reproduction	致癌、诱发突变和生殖毒性
CSA	Chemical safety assessment	化学品安全评估
CSR	Chemical safety report	化学品安全报告
DNEL	Derived No Effect Level	指导无影响水平
DU	Downstream user	下游用户
EC	European Commission	欧盟委员会
ECB	European Chemicals Bureau	欧洲化学品局
ECHA	European Chemicals Agency	欧盟化学品管理局
EEA	European Economic Area	欧洲经济区域
EINECS	European Inventory of Existing Commercial Chemical Substances	欧洲现有商业化学物质名录
ELINCS	European List of Notified Chemical Substances	欧洲通报化学物质名录
ES	Exposure scenario	暴露场景
ESIS	European Substances Information System	欧盟化学物质信息系统
EU	European Union	欧盟
EUSES	European Union System for the Evaluation of Substances	欧盟物质评估体系
GC	Gas chromatography	气相色谱
GDMF	General decision making framework	总体决策框架
GHS	Globally harmonised system	全球化学品统一分类和标签制度
GLP	Good laboratory practices	良好实验室规范
GPC	Gel permeation chromatography	凝胶渗透色谱
HPLC	High performance liquid chromatography	高效液相色谱
HPV	High production volume	高产量
IARC	International Agency Research Cancer	国际癌症研究机构
InChI	IUPAC international chemical identifier	IUPAC 国际化学标识符
INCI	International Nomenclature of Cosmetic Ingredients	化妆品原料国际命名法
IR	Infrared spectroscopy	红外色谱
ISO	International Organization for Standardization	国际标准化组织
IT	Information technology	信息技术
IUCLID	International Uniform Chemical Information Database	国际标准化学品信息数据库
IUPAC	International Union of Pure and Applied Chemistry	国际纯粹与应用化学联合会
MS	Mass spectrum	质谱

缩略语	英文	中文
NLP	No longer polymer	不再视为聚合物
NMR	Nuclear magnetic resonance spectroscopy	核磁共振谱
OECD	Organization for Economic Co-operation and Development	经济合作与发展组织
PBT	Persistent bioaccumulative and toxic	持久性、生物累积性、毒性
PNEC	Predicted no effect concentration	指导无影响浓度
EURATS	European risk assessment tracking system	欧洲风险评估追踪系统
QSAR	Qualitative or quantitative structure-activity relationship	定性或定量结构活性关系
RA	Risk assessment	风险评估
RAR	Risk assessment report	风险评估报告
REACH	Registration Evaluation Authorisation and Restriction of Chemicals	欧盟关于化学品注册、评估、授权与限制法规
RIP	REACH implementation project	REACH 执行计划
RMM	Risk management measure	风险控制措施
RSS	Robust study summary	充分研究摘要
SAICM	Strategic approach to international chemicals management	国际化学品管理战略方针
SAR	Structure activity relationships	结构活性关系
SDS	Safety data sheet	安全数据表
SEA	Socio-economic analysis	社会经济效益分析
SIEF	Substance information exchange forums	SIEF 论坛（物质信息交流论坛）
SMILES	Simplified molecular input line entry specification	简化分子线性输入规范
SPORT	Strategic partnership on REACH testing	REACH 试验战略伙伴
SVHC	Substance of very high care	高关注物质
TDG	Technical guidance document	技术导则文件
token	—	验证码
UV/VIS	Ultra violet/visible	紫外/可见
UVCB	substances of unknown or variable composition complex reaction products or biological materials	成分未知、易变、复杂反应的产物或生物材料等物质
vPvB	very persistent and very bioaccumulative	高耐久性、高生物累积性
WTO	World Trade Organisation	世界贸易组织
XRD	X-ray diffraction	X 射线衍射
XRF	X-ray fluorescence	X 射线荧光
RIFM	Research Institute for Fragrance Materials	国际日用香料研究所

附录 3　相关网站

国外欧盟 REACH 相关网站

欧盟 REACH 化学品管理局	https://echa.europa.eu/
欧盟委员会	http://ec.europa.eu/
联合国欧洲经济委员会	http://www.unece.org/info/ece-homepage.html
欧盟法律在线	http://eur-lex.europa.eu/homepage.html
GHS 和 TDG 法规相关信息	http://www.unece.org/trans/danger/publi/ghs/pictograms.html
欧陆分析科技集团 eurofins	https://www.eurofins.com/
巴斯夫股份公司	https://www.basf.com/en.html

国内相关机构及网站

海关总署	http://www.customs.gov.cn/
中国 REACH 解决中心	http://reach.cirs-group.com/
中国 WTO/TBT-SPS 通报咨询网	http://www.tbt-sps.gov.cn/page/cwtoz/Indexquery.action
中国检验检疫科学研究院	http://www.caiq.org.cn/
中国 TBT 研究中心	http://tbt.testrust.com/
中国化工信息中心	http://www.cncic.cn/
上海化工研究院	http://www.srici.com/sz/
杭州瑞旭科技集团有限公司	http://www.cirs-group.com/

附录 4　SDS 编写指南（法规附件 Ⅱ）

安全数据表（SDS）编写指南

本附件制订是根据第 31 条规定提供物质或配制品的安全数据表的要求。 安全数据表是一种传递机制，它把包括在化学安全报告（CSR）中已分类的物质和配制品的适当安全信息传达给供应链下游使用者。 安全数据表提供的信息应和化学品安全报告（如果需要提供）内的信息保持一致。 一旦化学品安全报告完成，应把相关的暴露场景置于安全数据表的附件中，以便于安全数据表的参考和查阅。

本附件旨在确保第 31 条各项目内容的精确和一致性，以使形成的安全数据表可让使用者在工作环境中采取保护人体健康、安全和保护环境的必要措施。

安全数据表提供的信息应符合指令 98/24/EC 的要求，在工作中使用化学药剂时，应保护工人的健康和安全。 特别强调的是，安全数据表可以使雇主检查工作场所中是否有任一危险的化学药剂，并且评估使用这些化学药剂对工人安全和健康的危害性。 安全数据表内的资料应详实记载。 安全数据表应由专业人士编写，并应考虑用户的特定需求。 将物质或配制品投放市场时，应确保专业人员已经接受适当的训练，包括在职复训。

对于未归类为危险品的配制品，但是根据第 31 条的规定需要提供安全数据表，应在各项目内提供适当的信息。

某些状况下，根据物质和配制品的广泛特性，可能需要增加额外的信息。 如果在其他状况下，特定特性的信息不具备重要性或技术上无法提供时，应在各标题下详述理由。 各种危害性质均应提供资料说明。 若有声明特定危害不适用，必须清楚标明此情况无信息可获取，或是此情形有阴性的试验结果。 安全数据表（SDS）第一页应标注公布日期。 如果安全数据表更新时，变更事项应让受众清楚知悉，并且加注"修改：日期"［Revision:（date）］。

注：指令 67/548/EEC 附录六于第 8 章和第 9 章列出有标记减损性的特殊物质和配制品（实心金属、合金、压缩气体），也应准备安全数据表。

1　物质/配制品及公司/负责人识别信息（Identification of the substance/preparation and of the company/undertaking）

1.1　物质或配制品的识别信息（Identification of the substance or preparation）的名称应与根据指令 67/548/EEC 附录六设定的标识信息一致。

已注册物质所使用的名称应与注册时提供的名称一致，而且也必须标明根据本条款第 20 条第 1 项规定提供的注册号。

其他可取得的识别方法也应同时标明。

1.2　物质/配制品的用途

应说明已知的物质和配制品的用途。 若有多种可能用途，仅列出最重要或最常用的用途即可。 应包含实际用途的简要说明，例如，阻燃剂、抗氧化剂等。

需要化学品安全报告时，安全数据表内的信息应包含所有与安全数据表受众相关的确定用途。 列出的信息应和安全数据表附件记载的确定用途及暴露情景一致。

1.3　公司名称/负责人

物质或配制品在欧盟内上市的负责人，包括制造商、进口商或经销商。 列出该负责人的完整地址、电话和电子邮件，以及安全数据表负责人的电子邮件地址。 如果负责人不在物质及配制品上市的成员国境内，如果可能，应列出该成员国境内负责人的地址和电话。

就注册义务人而言，所标示的负责人应和注册时提供的制造商或进口商一致。

1.4　紧急电话

除上述信息外，另外应提供公司和（或）相关官方信息机构的电话（依照指令1999/45/EC 第17 条条款的规定，该单位可能为负责接收与健康相关信息的单位）。若只有办公时间才有人接电话，应注明。

2　危害识别信息（HAZARD IDENTIFICATION）

根据指令 67/548/EEC 或指令 1999/45/EC 的分类规则，将物质或配制品分类。应清楚简要地指出物质或配制品对人体或环境的危害。

根据指令 1999/45/EC 的规定，将配制品分类为"危险"或者"非危险"，并说明可预见的有关物质和配制品的使用以及可能的误用会造成物理化学性质、人体健康以及环境的最重要的有害效应和症状。

还可能有必要说明其他危害，例如粉尘、交叉敏感、窒息、冷冻、强烈的异味或味道，或是对土壤有机物、臭氧层耗损，或是有光化学臭氧生成等环境方面的效应，这些结果并未被分类（classification），但是对于总体物质的危害有加重的可能性。

在标签上标示的信息应载明于标题 15 内。

物质的分类应与第 XI 篇的分类和标示目录（classification and labeling inventory）的分类一致。

3　组成/成分信息（COMPOSITION/INFORMATION ON INGREDIENT）

列出的信息应足以使接受信息者确定配制品成分的危害性。 配制品本身的危害性应列在标题 2 项下。

3.1　不需要提供完整组成（原料的性质及浓度），只需简要说明其成分和其浓度即可。

3.2　根据指令 1999/45/EC 归类为危险的配制品，应标示出下列物质及配制品的浓度或浓度范围。

（a）根据指令 67/548/EEC 的含义，若物质的浓度等于或是大于下列最低限度，对于健康或环境有危害的物质：

定义于指令 1999/45/EC 第 3（3）条表列的浓度限值；指令 67/548/EEC 附录一提供的浓度限值；指令 1999/45/EC 附录二 B 部分规定的浓度限值；指令 1999/45/EC 附录三 B 部分所规范的浓度限值；指令 1999/45/EC 附录五所规范的浓度限值；

与本规范第Ⅺ篇所建立的已议定分类和标记目录规定的浓度限值相符者；

（b）在（a）项目内尚未记载，但其浓度已达欧盟工作场所暴露上限的物质；

（c）根据附录十三规定的持久性、生物蓄积性及毒性和高持久性及高生物蓄积性的物质，如果单个物质的浓度大于或等于0.1％。

3.3　对根据指令1999/45/EC分类为不具危险性的配制品，如果符合下列各存在浓度条件，其物质与浓度或是浓度范围应一起说明。

（a）非气体配制品，质量比大于或等于1％，以及气体配制品，体积比大于或等于0.2％，以及根据指令67/548/EEC1的含义，物质显示出对人体或是环境的危害性；物质被指定欧盟工作场所暴露上限；将配制品投放市场的负责人必须证明其安全数据表中已揭露物质的化学分类（已经被分类为刺激性，除了标示为R41者或是刺激性结合一个或多个指令1999/45/EC第10条第2.3.3点提示的性质者除外）；有害的或有害的结合一个或多个指令（1999/45/EC第10条第2.3.3点提示的性质者具有单独急性毒性除外）将会危及其知识产权保密的本质，可以根据指令1999/45/EC附录六的B部分的规定仅将物质最重要的化学官能团名称进行标识，或利用其他别名的方式参照此物质。

（b）根据附录十三规定的持久性、生物蓄积性及毒性和高持久性及高生物蓄积性的物质，且质量比大于或等于0.1％者。

3.4　应列出上述物质的分类（根据指令67/548/EEC的第4条和第6条、指令67/548/EEC的附录一或本规范第Ⅺ篇建立的已议定分类和标记），包含根据其物理化学性质、人体健康和环境危害指定的符号文字及R级警示语。R级警示语不需在此完整写出：可参考标题16内所列的完整警示语即可。若物质不符合分类标准，应描述在第3节内标明此物质的理由，例如持久性、生物蓄积性及毒性物质或是具有欧盟工作场所暴露上限的物质。

3.5　上述物质的名称和根据本规范第20（1）条核定的注册号、EINECS号码或ELINCs号码（若可取得），应依据指令67/548/EEC确定。若取得CAS号和IUPAC号，也可列出。根据指令1999/45/EC第15条或是本附录3.3附注的规定以药品通用名列出的物质，不需要列出精确的化学识别码。

3.6　若根据指令1999/45/EC第15条或是本附录第3.3节附注的规定，特定物质的识别需保密时，应描述其化学特性以确保安全操控。其使用的名称应和上述程序所用的名称相同。

4　急救措施（FIRST AID MEASURES）

本节说明急救措施。

首先说明紧急医疗措施（immediate medical attention）的必要性。急救信息应简短且使伤者、旁观者和急救人员易懂，并概要说明症状和效应。说明应包含意外发生时就地处置应采取的措施，以及延误会产生的后果。

根据不同的暴露方式将信息分类，例如，依吸入、皮肤接触、眼睛接触和误食等标题分类。

说明是否需要专业医师的医疗或是建议。

对于某些物质或是配制品而言，重要的是强调说明工作场所必须具备可供特殊和立即处置的方式（means）。

5　消防措施（FIRE-FIGHTING MEASURES）

根据物质或是配制品或是附近的防火标准，说明：

- 适当的灭火剂；
- 因安全原因不可使用的灭火剂；
- 暴露于物质或配制品本身、燃烧产物、产生气体的特别危害，消防人员特殊的防护装备。

6　泄漏应急处理（ACCIDENTAL RELEASE MEASURES）

根据相关的物质或是配制品，必须要有下列信息：

人员注意事项，例如：移除火源、提供足够的通风或是通风保护装备、粉尘控制、避免皮肤或眼部接触；

环境注意事项，例如：远离排水沟、地表水或是地下水或是土壤，必要时要警戒邻近地区；

清除方法，例如：使用吸收材料（例如，沙、硅藻土、酸中和剂、通用中和剂、木屑等），以水减少气体/烟雾、稀释剂。

并考虑是否标示"不可使用，用……中和"。

注：请适当参考第 8 项和第 13 项。

7　操作处置与储存（HANDLING AND STORAGE）

注：本节的信息应与人体健康、安全和环境有关。它应该协助雇主根据指令98/24/EC 第 5 条的规定设计出适当的工作流程以及应对措施。

当需开展化学品安全报告或是注册时，本节的信息应和安全数据表内附录的确定用途和暴露情景所提供的信息一致。

7.1　处置（Handling）

包含技术措施建议在内的安全处置，例如：密封、局部通风或是整体通风，防止悬浮物和粉尘产生及火灾的防范措施，必要的环境保护措施（例如在废气通风口使用过滤器或是洗涤器，用于边界溢出物的搜集和处理措施）和对于物质和配制品的具体指定的要求或规定（例如禁止或是建议的流程或是设备）和可能提供的简短说明。

7.2　储存（Storage）

安全储存条件，例如：对于储存室或是储存容器（包括隔离墙或是通风）、不相容材料，需指出存放条件（温度/湿度限制、照明、惰性气体等）、特殊电子设备和防静电设备的特殊设计，建议某存放条件下的数量上限。有特别需求时需特别指出，例如物质或配制品所使用的包装或容器材料的种类。

7.3　特殊用途［Specific use（s）］

具有特殊用途的制品，其建议事项应针对确定用途并且必须详尽以及可操作。若有可能，参考产业或是部门的特殊认证指南（guidance）。

8 接触控制和个人防护（EXPOSURE CONTROL/PERSONAL PROTEC-
TION）

8.1 暴露上限值（Exposure limit value）

目前较恰当的特殊控制参数，包含职业暴露限值和（或）生物上限值。 限值应
针对该物质或配制品投放市场的成员国。 根据目前建议的管理流程提供信息。 如需
化学品安全报告，则物质相关的推导无影响水平和推导无效应浓度应在安全数据表附
录中所设定的暴露情景提供。

对配制品而言，如果可以，可在安全数据表 3. 内列出组成物质的暴露限值。

8.2 暴露控制（Exposure controls）

本文件所提及的暴露控制，即为实行全范围的风险管理措施，将工人和环境暴露
降至最低。 如需化学品安全报告时，应在安全数据表第 8 节内简要列出确定用途的
风险管理措施。

8.2.1 职业暴露控制（Occupational exposure controls）

雇主在实施指令 98/24/EC 第 4 条规定的物质的工人健康和风险评估时，应考虑
本节信息。 其优先顺序如下：

适当的作业流程和工程控制设计，使用足够且适当的设备和材料，在源头即采取
集合式的保护措施，例如足够的通风和适当的组织措施，如果暴露无法由其他方式避
免时，应采取个人防护措施，例如个人保护设备。

因此提供适当和足够的措施，以实施符合指令 98/24/EC 第 4 条规定的适当风险
评估。 本信息应在标题 7.1 下全数列出。

如果有必要采用个人防护措施，应具体指定何种设备可以提供足够和适当的保
护。 参考 1989 年 12 月 21 日公布，规范成员国个人保护装备的欧盟会议指令 89/
686/EEC1，和适当的欧洲标准委员会（CEN）标准。

（a）呼吸系统防护 针对有害气体、蒸气和粉尘，具体指定保护装备，例如：自
主式呼吸设备、面具和过滤器。

（b）手部保护 具体指定处理物质及配制品时穿戴的手套的种类：材质的种类、
手套材质的临界点，包括皮肤暴露的时间。 如必要时需说明其他的手部保护措施。

（c）眼部保护 具体说明眼部保护设备的种类，例如：安全护目镜、安全眼罩、
面罩。

（d）皮肤保护 如果要保护手部以外的地方，具体说明所需保护设备的种类和质
量。 围裙、靴子和完整的保护装，必要时说明其他皮肤保护措施和特殊的卫生
措施。

8.2.2 环境暴露控制（Environmental exposure controls）

具体说明雇主要满足欧盟环境保护法律所需的信息。

如需化学品安全报告，安全数据表附件的暴露情景内应简要列出足够的物质环境
暴露控制的风险管理措施。

9 物理和化学特性（PHYSICAL AND CHEMICAL PROPERTIES）

为采取适当的控制措施，应提供物质或配制品所有相关信息，特别是标题 9.2 内

的信息。 本节的信息应和注册时要求的信息一致。

9.1 一般信息（General information）

外观：说明物质或配制品在供应时的物理状态（固态、液态、气态）以及颜色。

气味：若有可察觉的特殊气味，需简要说明。

9.2 重要的健康、安全和环境信息

pH 值：说明物质或配制品的 pH 值，或是以水溶液状态供应时的 pH 值；后者的情形必须说明其浓度。

其他信息如沸点、闪点、可燃性（固体，气体）、爆炸性、氧化性、蒸气压力、相对密度、溶解性、水溶性、分布系数（正辛醇/水）、黏度、蒸气密度、蒸发速率等。

9.3 其他信息（Other information）

说明其他重要安全参数，例如，可混合性、脂溶性（溶剂－特定油类）、传导性、熔点/熔程、气体种类（对于欧洲议会和理事会 1994 年 3 月 23 日规范会员国内使用潜在爆炸性气体 1 的设备和保护系统的指令 94/9/EC 很有用）、自燃温度等。

注：1. 上述特性应根据理事会法规第 13 条规定的测试方式或其他类似的方式决定。

2. 针对配制品，一般应提供配制品本身性质的信息。但是，若有声明某特定危害不适用，则应说明是分类者无法获得信息还是获得的试验结果为阴性。如果需要提供个别成分的性质信息，需清楚说明资料的参考依据。

10 稳定性和反应性（STABILITY AND REACTIVITY）

说明物质和配制品的稳定性以及特定使用条件下有害反应发生的概率，以及泄漏到环境中时的稳定性。

10.1 应避免的条件（Conditions to avoid）

列出例如温度、压力、光线、震动等可能引起危险反应的条件，如可能需提供简短的描述。

10.2 应避免的物质（Materials to avoid）

列出水、空气、酸、碱、氧化剂或是其他可能引起危险反应的特定物质，如可能需提供简短的描述。

10.3 危险的分解产物（Hazardous decomposition products）

列出分解时会产生的达到危险量的有害物质。

注：具体列出需要的稳定剂及现有的稳定剂，发生有害放热反应的可能性，物质或是配制品如果发生外观变化代表的安全含义，遇水即会形成危险的分解产物降解成不稳定产物的可能性。

11 毒理学信息（TOXICOLOGICAL INFORMATION）

本节是关于简要但完整全面地说明不同毒理（健康）效应的需求，毒理（健康）效应的起因是使用者接触物质或配制品而造成的。

此信息应包含根据例如试验数据及实验得到的结论，说明暴露在某物质或配制品下对健康造成的危害。 此信息亦包括长期或短期暴露的急性或慢性效应，例如致敏、麻醉、致癌、致突变和生殖毒性。 应包括不同暴露途径的信息（吸入、摄取、皮肤和眼部接触），和说明相关物理、化学和毒理学特性症状。

考虑标题 3 内已提供的信息，组成和成分原料信息，或需要参考配制品中特定物质造成的特殊健康效应。

本节的信息应和注册时和（或）化学品安全报告提供的信息一致，并提供有关下列组别潜在效应的信息：毒性动力学、新陈代谢和分布；急性效应（急性毒性、刺激和腐蚀性）；致敏性；重复剂量毒性；致癌性、致突变性和生殖毒性效应（CMR）。

对已注册的物质，应提供来源于自本法规附录七到附录十一的信息摘要。 另应提供依据指令 67/548/EEC 规定的致癌性、致突变性和生殖毒性，本法规附录一为第 1.3.1 节的第一类和第二类资料的对比结果。

12 生态毒理学信息（ECOLOGICAL INFORMATION）

说明物质或配制品在空气、水和（或）土壤内可能的效应、行为和环境影响。 如可能，提供相关试验数据，例如鱼类半数致死浓度（LC_{50} fish）小于或等于 1 mg/L。

本节的信息应与注册时提供的信息和（或）要求的化学品安全报告的信息一致。 描述因物质或配制品的性质以及使用的方式很可能造成对环境的影响。 对于物质和配制品降解产生的危险产物应提供其同类的如下信息。

12.1 生态毒理学（Ecotoxicity）

生态毒理学数据包括水生毒性的相关可取得数据，如鱼类、甲壳动物、水藻和其他水生植物的急性或慢性资料。 另外，土壤微生物、大型生物和其他环境相关有机物的毒性数据，如鸟类、蜜蜂和植物等，如果可取得应一并包含。 对于有机微生物有抑制效应的物质或是配制品，应提及其对废水处理工厂的影响。

已注册的物质，应提供源自本法规附录七到附录十一的信息摘要。

12.2 流动性（Mobility）

物质或配制品的组成成分若泄漏到环境中，会转移到地下水或是离泄漏较远处。

相关数据或许包含：已知或是预测的环境区域分布、表面张力、吸附/解吸附，其他物理化学性质见第 9 节。

因为此性质是针对某特定物质的，配制品无法提供此资料。 因此，如果可能，应依照安全数据表中根据本附录第 3 节的规则，列出配制品中每个成分的数据。

12.3 持久性和降解性（Persistence and degradability）

物质和配制品通过降解至相关环境媒介的可能，或经由生物降解或是其他氧化或水解方式。 如果有半降解期应说明。 应说明物质或配制品成分在废水处理工厂降解的潜在可能性。

12.4 生物蓄积的可能性（Bio-accumulative potential）

物质或配制品成分会于动植物体内蓄积，最终会经食物链传递。 如果可取得，应参考正辛醇-水分布系数（K_{ow}）和生物浓缩因子（BCF）。

12.5 持久性、生物蓄积性及毒性评估结果

若有化学品安全报告的必要，持久性、生物蓄积性及毒性评估结果应列在化学品

安全报告内。

12.6　其他有害效应

应记载所有对环境有害效应的信息，例如，臭氧层耗损、光化学臭氧生成、内分泌紊乱和全球变暖等潜在能力。

注：为确保安全数据表内资料的一致性，泄漏应急处理、意外泄漏措施、运输和废弃处理应分别记载于标题第 6、7、13、14 和 15。

13　废弃处置（DISPOSAL CONSIDERATION）

如果物质和配制品的废弃物处理（剩余物或是可预见用途产生的废弃物）具有危险性，应对其残留物和安全处置信息进行描述，并列出适当的物质和配制品的处理方法和所有污染的包装的处理方式（焚化、再利用、掩埋等）。

若需要化学品安全报告，足以控制人体和环境对物质暴露的废弃物管理措施的信息，应和安全数据表附录中的暴露情景一致。

注：请参阅欧盟对于废弃物的相关规范。若没有，可参照国家或区域性的法规执行。

14　运输信息（TRANSPORT INFORMATION）

说明在运输和运送过程中，所有使用者需要了解或符合要求的注意事项。

各运输方式皆有相关法规：IMDG（海运），ADR（1994 年 11 月 21 日公布，规范成员国内陆路危险物品运送的理事会指令 94/55/EC1），RID（1996 年 11 月 23 日公布，规范成员国内铁路危险物品运送的理事会指令 96/49/EC2），ICAO/IATA（空运）。

运输信息包括有：联合国编号、级别、运输名称、包装分类、海洋污染物及其他相关信息。

15　法规信息（REGULATORY INFORMATION）

需标明物质或是配制品内物质的化学品安全评估是否已完成。

根据指令 67/548/EEC 和指令 1999/45/EC 的规定，在标签上提供健康、安全和环境信息。

若本安全数据表内的物质或配制品与欧盟层级的人体保护或环境法规有关（第七大项的授权或第八大项的禁止），需注明这些法规。

如果可能，应注明其他国家法律或是国家施行的相关措施。

16　其他信息（OTHER INFORMATION）

其他供应商评估对使用者健康和安全或环境保护的重要性信息，如：列出相关的 R 级警示语。在安全数据表内标题 2 及标题 3 内写出完整的 R 级警示语、培训建议、建议禁止使用的项目（例如非供应商法定建议事项）、其他信息 [书面资料（或）技术联络处]、用于编写安全数据表的重要数据的出处。

应清楚说明安全数据表的修订情况，如增、删或修改的资料（除非他处已有说明）。

附录 5 豁免物质情况（法规规定的豁免情况）

1. 放射性物质；

2. 海关监管物资：海关监管目录上，不经处理、暂时存放在保税区或保税仓库再出口或过境物质；

3. 不可分离中间体；

4. 处于运输过程的危险物质和在危险配制品中的物质；

5. 不属于物质、配制品或物品：废料。

6. 人用或兽用药品，进入或直接与人体接触的医用器具；

7. 化妆品（成品），但组分需要注册；

8. 食品添加剂、调味剂，食用香料；饲料添加剂；动物营养剂；

9. 聚合物单体及其他化学物质：该单体或其他化学物质年生产或进口小于 1 吨；聚合物中单体或者其他化学物质小于 2%。

10. 聚合物、配制品、商品（物品）本身不必注册。

11. REACH 法规豁免附件包括的物质（附件Ⅳ物质、附件Ⅴ物质）。

12. 用于产品与工艺研发（PPORD）的物质（5＋5/10 年）；

13. 再次进口且已经注册过的化学物质。

14. 回收物质。

附件Ⅳ 根据第 2 条第 7 款(a)项对于注册义务的豁免

EINECS 号	Name/Group	CAS 号
200-061-5	D-glucitol $C_6H_{14}O_6$	50-70-4
200-066-2	Ascorbic acid $C_6H_8O_6$	50-81-7
200-075-1	Glucose $C_6H_{12}O_6$	50-99-7
200-233-3	Fructose $C_6H_{12}O_6$	57-48-7
200-294-2	L-lysine $C_6H_{14}N_2O_2$	56-87-1
200-334-9	Sucrose，pure $C_{12}H_{22}O_{11}$	57-50-1
200-405-4	α-tocopheryl acetate $C_{31}H_{52}O_3$	58-95-7
200-416-4	Galactose $C_6H_{12}O_6$	59-23-4
200-432-1	DL-methionine $C_5H_{11}NO_2S$	59-51-8
200-559-2	Lactose $C_{12}H_{22}O_{11}$	63-42-3
200-711-8	D-mannitol $C_6H_{14}O_6$	69-65-8
201-771-8	l-sorbose $C_6H_{12}O_6$	87-79-6
204-664-4	Glycerol stearate，pure $C_{21}H_{42}O_4$	123-94-4
204-696-9	Carbon dioxide CO_2	124-38-9
205-278-9	Calcium pantothenate，D-form $C_9H_{17}NO_5 \cdot 1/2Ca$	137-08-6

EINECS 号	Name/Group	CAS 号
205-756-7	DL-phenylalanine $C_9H_{11}NO_2$	150-30-1
208-407-7	Sodium gluconate $C_6H_{12}O_7 \cdot Na$	527-07-1
215-665-4	Sorbitan oleate $C_{24}H_{44}O_6$	1338-43-8
231-098-5	Krypton Kr 7439-90-9	7439-90-9
231-110-9	Neon Ne	7440-01-9
231-147-0	Argon Ar	7440-37-1
231-168-5	Helium He	7440-59-7
231-172-7	Xenon Xe	7440-63-3
231-783-9	Nitrogen N_2	7727-37-9
31-791-2	Water，distilled，conductivity or of similar purity H_2O	7732-18-5
232-307-2	Lecithins The complex combination of diglycerides of fatty acids linked to the choline ester of phosphoric acid	8002-43-5
232-436-4	Syrups, hydrolyzed starch A complex combination obtained by the hydrolysis of cornstarch by the action of acids or enzymes. It consists primarily of d-glucose，maltose and maltodextrins	8029-43-4
232-442-7	Tallow，hydrogenated	8030-12-4
232-675-4	Dextrin	9004-53-9
232-679-6	Starch High-polymeric carbohydrate material usually derived form cereal grains such as corn，wheat and sorghum，and from roots and tubers such aspotatoes and tapioca. Includes starch which has been pregelatinised by heating in the presence of water	9005-25-8
232-940-4	Maltodextrin	9050-36-6
238-976-7	Sodium D-gluconate $C_6H_{12}O_7 \cdot xNa$	14906-97-9
248-027-9	D-glucitol monostearate $C_{24}H_{48}O_7$	26836-47-5
262-988-1	Fatty acids，coco，Me esters	61788-59-8
265-995-8	Cellulose pulp	65996-61-4
266-948-4	Glycerides，$C_{16} \sim C_{18}$ and C_{18}-unsaturated. This substance is identified by SDA Substance Name：$C_{16} \sim C_{18}$ and C_{18} unsaturated tri-alkylglyceride and SDA Reporting Number：11-001-00.	67701-30-8
268-616-4	Syrups, corn, dehydrated	68131-37-3
269-658-6	Glycerides，tallow mono-，di- and tri-，hydrogenated	68308-54-3
270-312-1	Glycerides，$C_{16} \sim C_{18}$ and C_{18}-unsaturated. mono- and di-This substance is identified by SDA SubstanceName：$C_{16} \sim C_{18}$ and C_{18} unsaturated alkyl and $C_{16} \sim C_{18}$ and C_{18} unsaturated dialkyl glyceride and SDA Reporting Number：11-002-00.	68424-61-3
288-123-8	Glycerides，$C_{10} \sim C_{18}$	85665-33-4

附件 V　依据条款第 2 条第 7 项 b 款豁免注册义务物质

1. 其他物质或物品暴露于空气，湿气，微生物或阳光这样的环境因素时偶然发生的化学反应得到的物质。

2. 由储存的另一种物质、配制品或物品偶然发生的化学反应产生的物质。

3. 在其他物质、配制品和物品的最终使用发生的化学反应中产生的而并非是制造商或进口商本身制造、进口或上市的物质。

4. 并非以其本身制造、进口或投放市场并且源自下列情况引发的化学反应产生的某些物质：

（a）稳定剂，着色剂，调味剂，抗氧化剂，填充剂，溶剂，载体，表面活性剂，增塑剂，抗腐蚀剂，阻泡剂或消泡剂，分散剂，抑制沉淀剂，干燥剂，黏合剂，乳化剂，反乳化剂，脱水剂，胶凝剂，促黏剂，流动调节剂，pH 中和剂，阻隔剂，凝结剂，凝聚剂，阻燃剂，润滑剂，螯合剂，或者按预期目的发挥作用的质量控制剂；或者

（b）一种物质仅具备某种特定的物理化学特性，当其按预期目的发生作用时。

注意：这些试剂本身不豁免注册，其可能造成的产物豁免注册。

5. 副产品，除非以其自身进口或投放市场。

6. 某种物质与水结合形成的水合物或水合离子，该物质已由制造商或进口商注册，可应用该条豁免。

7. 自然存在的物质，且未经化学改性，如：矿物质，矿石，精矿，天然气和加工过的天然气，原油，煤炭。

8. 除了第七条列举的种类外，其他自然存在的物质且未经化学改性，除非它们是根据 67/548/EEC 指令被分类为危险的或者是符合附件 XIII 标准的 PBT，vPvB 物质，或者是符合法规第 59 条第一款的定义且至少在 2 年前与法规第 57 条 f 条款具有同等关注度的物质。

9. 以下从天然来源的物质，如果不进行化学改性，除非它们根据指令 67/548/EEC 符合危险品分类标准并且除那些仅被分类为易燃的［R10］或皮肤或眼刺激［R38］，或者符合附件 XIII 标准的 PBT、vPvB 物质，后者是满足 59 条款（1）的条件或者与 57（f）同等关注的物质。

10. 以下物质未经化学改性：液化石油气，天然气冷凝物，过程气体和组分，焦炭，水泥熟料，氧化镁。

11. 以下物质除非根据指令 67/548/EEC 符合危险品分类标准并且提供不包含高于指令 1999/45/EC 或者指令 67/548/EEC 附件 I 规定的最低适用浓度的组分，除非科学实验数据证明这些组分，在物质的整个生命周期不可接触并且数据是完整的可靠的：玻璃，陶瓷。

12. 堆肥和沼气。

13. 氢气和氧气。

附录6 注册必须提交的数据信息（法规附件Ⅶ-Ⅺ）

附件Ⅶ 制造或进口1吨(含)以上物质的标准信息要求

本附件栏位1为下列事项的标准信息要求：

（a）制造或进口量为1~10吨的非分阶段物质（non-phase-in substance）；

（b）制造或进口量为1~10吨，且根据本法第12条（1）项（a）款和（b）款规定，符合附件Ⅲ的分阶段物质（phase-in substance）；

（c）制造或进口量为10吨以上的物质。

任何其他可取得的相关物理化学、毒理和生态毒理信息均应提供。不符合附件Ⅲ条件的物质，只要求提供本附录7.规定的物理化学性质资料即可。

本附件栏位2列出可以省略、以其他信息替代、在后面阶段提供或是采用其他方式的规则。如果本附件栏位2允许改动的条件，注册人应在注册卷宗的适当标题下清楚说明事实和改动调整的原因。

除上述特别规定外，注册人应根据附件Ⅺ内的一般规定（不含第3节的参照物质特性暴露免除事项），修改本附件栏位1的标准信息要求规范。上述状况下，注册人应在注册卷宗的适当项目内说明修改标准信息的原因（提及于栏位2或附件Ⅺ2内的特别规定）。

在实施新检验以测定本附件所列的性质前，应先评估所有可取得的体外试验资料、体内试验资料、人体历史资料、（Q）SARs资料以及来自结构相关物质的资料（read-across approach）。浓度/剂量会引起腐蚀的腐蚀性物质的体外实验应予避免。检验前，除本附件外应咨询更多的检验策略指南。

对特定节点（endpoint），当因其他有别于本附件栏位2或是附件Ⅺ所规定原因而提议不提供信息时，应清楚说明其原因。

栏位2内不再重复欧盟委员会法律提及在第13条（3）所规范的不需特殊检验的检验方法，但是这些方法同样适用。

注：1. 本附件适用于根据第7条条款规定应注册的成品制造者以及依据本法应开展试验的下游使用者。

2. 委员会法律对于列于条款13（3）中不需特殊检验的适当检验方法制定的检验条件不再重复叙述于栏位2中，但同样适用。

7. 物质物理化学特性信息

标准信息要求	适用例外规定
7.1 20℃及101.3kPa下的物质状态	
7.2 熔点/凝固点	7.2 不需在−20℃以下实施
7.3 沸点	7.3 下列状况不需开展研究： —气体； —300℃以上熔化或沸腾前分解的固体。此减压条件下的沸点或许可以测量或估计； —沸腾前即分解的物质（例如：自动氧化、重组、降解、分解）

标准信息要求	适用例外规定
7.4 相对密度	7.4 下列状况不需开展研究： —只在特殊溶剂中才稳定，且溶液的密度和溶剂相近的物质。在此状况下，仅指出溶液的密度是高于或低于溶剂的密度即可； —物质为气态。在此状况下，应根据分子量和理想气体定律的估算进行计算
7.5 蒸气压	7.5 若熔点在300℃以上无需开展研究。若熔点在200～300℃间，则以测量或认可的计算方法得到的极限值就足够
7.6 表面张力	7.6 下列状况才需开展研究： —根据其结构，表面活性可预期或可被预测； —表面活性是物质需求的特性时。 若水溶性在20℃时低于1mg/L，无需开展研究
7.7 水溶性	7.7 下列状况无需开展研究： —物质于pH为4、7和9时为水解性不稳定者(半衰期少于12h)； —物质已于水中氧化者。 若物质在水中"不可溶"，应实施此分析方法的最低限度检验
7.8 正辛醇/水分配系数	7.8 若物质为无机物，无需开展研究。 若无法开展研究，(例如，物质分解、具高表面活性、开展试验时反应过于激烈，或是无法溶解于水或正辛醇，或是无法获得足够纯的物质)，应提供lgP的计算值和详细的计算方法
7.9 闪点	7.9 下列状况无需开展研究： —物质为无机物； —只含有挥发性有机成分的物质，其水溶液闪点在100℃以上者； —估算闪点在200℃以上者； —闪点可经现有特性物质的闪点值以内插法估算者
7.10 可燃性	7.10 下列状况无需开展研究： —物质为固态且具爆炸性质和自燃性质，在考量可燃性前，应先考虑这些性质； —针对气体，若可燃气体在与惰性气体的混合物中的浓度很低，以至于当和空气混合时，浓度皆低于其最低下限； —和空气接触时会自发引燃的物质
7.11 爆炸性质	7.11 下列状况无需开展研究： —分子内没有与爆炸性质相关的化学基团； —物质的化学基团与爆炸性质相关，其中包含氧元素，且经计算其氧平衡少于−200者； —有机物质或有机物质的均质混合物中含有与爆炸性质相关的化学基团，但放热分解能量少于500J/g，且放热分解温度在500℃以下者； —无机氧化物质(UN Division5.1)和有机物质的混合物，其无机氧化物质的浓度为： —低于15%(质量分数)，且属于UN Packaging GroupⅠ(高度危险)或Ⅱ(中度危险)类者 —低于30%，属于Packaging GroupⅢ(低危险)类者 注意：如果有机物质的放热分解能量少于800J/g者，不需要进行爆炸过程测试或对于冲击造成爆炸的敏感度测试
7.12 自燃温度	7.12 下列状况无需开展研究： —物质具爆炸性或在室温下会自行点燃； —在空气中属于非可燃性液体，例如没有高达200℃的闪点； —具有非可燃范围的气体； —熔点低于160℃，或是除了物质加热的初步结果高达400℃的固体
7.13 氧化特性	7.13 下列状况无需开展研究： —物质具爆炸性； —物质为高度可燃； —物质为有机过氧化物； —物质无法和可燃物质进行放热反应，例如根据其基本化学结构(例如，不含氧或卤素原子的物质，以及其成分不会和氮或氧进行化学键结合的物质，或是不含氧或卤素原子的无机物质)

标准信息要求	适用例外规定
7.13 氧化特性	若初步调查已清楚显示受测物质具有氧化性质,则无需对固体进行完整的调查。 注意:因无判定气体混合的氧化性质调查法,这些性质的评估应根据比对混合物中气体的氧化能力及空气中氧的氧化能力的结果,估算并判定其氧化性质
7.14 图像识别程序颗粒分析	7.14 若物质以非固体或颗粒型态贸易或使用,无需检验

8. 毒理信息

标准信息要求	适用例外规定
8.1 皮肤刺激或腐蚀 本节点的评估应包含下列各连贯的步骤: (1)现有人体和动物资料评估, (2)酸或碱储存评估, (3)皮肤腐蚀的试管检验, (4)皮肤刺激的试管检验	8.1 下列状况下无需实施步骤3和4: —已知信息已足够判定会腐蚀皮肤或刺激眼睛者; —物质在室温下空气中具可燃性者; —物质分类属于与皮肤接触具强烈毒性者; —经皮肤途径的急性毒性研究证明达极限剂量时对皮肤不具有刺激性(2000mg/kg体重)者
8.2 眼部刺激 本节点的评估应有下列各连贯的步骤: (1)现有人体和动物资料评估, (2)酸或碱储存评估, (3)眼部刺激的试管检验	8.2 下列状况下无需实施步骤3: —已知信息已足够判定会腐蚀皮肤或刺激眼睛者; —物质在室温下空气中具可燃性者
8.3 皮肤敏感性 本节点的评估应包括下列各连贯的步骤: (1)现有人体、动物及其他资料的评估, (2)活体检验	8.3 下列状况下无需实施步骤2: —已知信息已足够判定会使皮肤过敏或腐蚀者; —强酸物质(pH<2.0)或强碱(pH>11.5); —物质在室温下空气中具可燃性者。 活体实验应以鼠科动物局部淋巴节检验(LLNA)为第一选择的方法。只有在例外情形时才可采取其他检验法。使用其他检验法应提供论证
8.4 致突变性 8.4.1 细菌的基因突变回复体外研究	8.4 呈阳性反应时,应考虑再实施进一步致突变检验
8.5 急性毒性 8.5.1 口部途径	8.5 以下状况一般无需开展研究: —物质分类为具皮肤腐蚀性 若已有急性毒性具吸入性(8.5.2)检验结果可证实,则无需做本检验

9. 生态毒理信息

标准信息要求	适用例外规定
9.1 水生生物毒性 9.1.1 无脊椎动物短期毒性研究(最好采用水蚤)注册人应考虑以长期检验替代短期检验	9.1.1 以下状况无需开展研究: —有限制因素显示水生生物毒性不会发生时,例如若物质高度不溶于水,或是物质不可能会穿透生物薄膜; —已有长期的无脊椎动物水生生物毒性检验结果可取得; —已有足够的环境分类和标示信息可取得。 若物质属于低水溶性,应考量水蚤的长期水生生物毒性检验(附录9,第9.1.5章节)
9.1.2 水生植物成长抑制调查(最好使用藻类)	9.1.2 有限制因素显示水生生物毒性不会发生时,例如若物质高度不溶于水,或是物质不可能会穿透生物薄膜者,无需开展研究
9.2 降解 9.2.1 生物性(Biotic) 9.2.1.1 易生物降解性	9.2.1.1 物质属无机物时无需实施本检验

附件Ⅷ 每年制造或进口量为 10 吨（含）以上的物质的标准信息要求

本附件栏位 1 建立每年制造和进口量为 10 吨或以上的物质的标准信息要求［根据本法第 12 条（1）（c）款规定］。所以，本附件栏位 1 内规定的信息，为附件Ⅶ栏位 1 的额外规定。另应提供任何其他现有的物理化学、毒理和生态毒理的信息。本附件栏位 2 列出可以省略、以其他信息替代、在后面阶段提供或是采用其他方式的特定规则。若符合本附件栏位 2 允许的调整提议的状况时，注册人应在注册卷宗的适当标题下清楚说明事实和提议调整的原因。

除这些特别规定外，注册人或许可根据附件Ⅺ内的一般规定，调整本附件栏位 1 的标准信息要求规范。在此情形下，注册人应参照附件Ⅺ栏位 2 内的特别规定，在注册卷宗的适当标题内清楚说明改编标准信息的原因 2。

注：1. 本附件适用于根据第 7 条条款规定应登记的成品制造者以及依据本法应开展试验的下游使用者。

2. 委员会法律对于列于条款 13(3) 中无需特殊检验的适当检验方法制定的检验条件不再重复叙述于栏位 2 中，但同样适用。

在实施新检验以测定本附件所列的性质前，应先评估所有可取得的体外试验资料、体内试验资料、人体历史资料、（Q）SARs 资料以及来自结构相关物质的资料（read-across approach）。浓度/剂量会引起腐蚀的腐蚀性物质的体外试验应予避免。测试前，除本附件外应咨询更多的检验策略指南。

对特定节点（endpoint），当其他有别于本附件栏位 2 或是附件Ⅺ所规定原因而提议不提供信息时，应清楚说明其原因。

8. 毒理信息

标准信息要求	适用例外规定
8.1 皮肤刺激性 8.1.1 皮肤刺激性的活体（体内）检验	8.1.1 有下列状况无需开展试验： —物质分类属于对皮肤有腐蚀性或皮肤刺激物； —物质为强酸(pH<2.0)或强碱(pH>11.5)； —物质在室温下在空气中具可燃性； —物质分类属于和皮肤接触具强烈毒性者； —经皮肤途径的急性毒性研究表明：在限定剂量(limit dose level)下对皮肤不具有刺激性者(2000mg/kg 体重)
8.2 眼部刺激 8.2.1 活体（体内）检验的眼部刺激	8.2.1 有下列状况无需开展试验： —物质已经分类为具对眼部造成严重伤害风险的眼部刺激性； —物质已经分类为具皮肤刺激性，且假设注册人将该物质分类为眼部刺激物； —物质为强酸(pH<2.0)或强碱(pH>11.5)； —物质在室温下空气中具可燃性
8.4 致突变性 8.4.2 体外哺乳动物细胞 cytogenicity test 或是体外微核的研究	8.4.2 有下列状况无需开展试验： —已有足够的活体（体内）cytogenicity test 资料； —物质已经证实为具第 1 类或第 2 类致癌物或是第 1 类、第 2 类、第 3 类致突变物
8.4.3 哺乳类细胞体外基因突变研究（若附件Ⅶ，第 8.4.1 章节和附录 8，第 8.4.2 章节的结果呈阴性）	8.4.3 若已有足够可靠的活体哺乳类基因突变检验资料，无需开展研究 若附件Ⅶ或附录 8 的任何遗传毒性试验呈阳性反应，应实施适当的活体致癌检验

标准信息要求	适用例外规定
8.5.1 急性毒性	8.5 以下状况一般无需开展研究： －物质分类为具皮肤腐蚀性者；除气体外的物质，口部途径(8.5.1)除外，应针对至少一项其他的途径提供 8.5.2 和 8.5.3 中提及的信息。第二途径的选定将视物质的性质和人体可能的暴露途径而决定。如果只有一种暴露途径，只需提供只有该唯一途径的信息
8.5.2 吸入	8.5.2 如果考虑物质的蒸气压和(或)烟雾、微粒或是液滴大小而认为人体经吸入途径的暴露具可能性，开展吸入途径的测试是适当的
8.5.3 经过皮肤途径	8.5.3 下列状况下，开展皮肤途径研究是适当的： (1)物质不太可能经由吸入进入人体，且 (2)生产和(或)使用时可能会和皮肤接触时；且 (3)物理化学性质和毒理性质表明有明显的经皮吸收可能性时
8.6 重复剂量毒性 8.6.1 短期重复剂量毒性研究(28 天)，一个物种，雄性和雌性，最可能的接触途径，被视为人体暴露的最可能途径	8.6.1 下列状况，无需开展短期重复剂量毒性试验(28 天)： －已有可靠的亚慢性(90 天)或慢性毒性测试结果可取得(假设使用适当的物种、剂量、溶剂和接触途径)； －物质会进行立即的分解且有足够的分解产品(cleavage products)信息； －根据附录六第 3 节的规定，相关的人体暴露可排除者。 适当的途径应在下列基础下选定：若有下列状况，皮肤途径研究是适当的。 (1)物质没有吸入的可能性；且 (2)生产和(或)使用时可能会和皮肤接触时；且 (3)物理化学和毒理性质建议会有明显的经皮吸收速率可能性时。 若考虑物质的蒸气压和(或)烟雾、微粒或是液滴大小而认为人体经吸入途径的暴露具有可能性，实施吸入途径的研究是适当的。人体暴露的频率和期间指出更长期的研究是适当的；且符合下列状况之一者，注册义务人应提议进行 90 天的亚慢性毒性研究(附件 IX，第 8.6.2 章节)： －其他可取得资料显示物质可能有无法经短期毒性研究出的危险性质； －适当设计的毒理动力学调查显示物质的累积或其在确定组织或器官的代谢物可能会无法以短期毒性研究测出，但在长期暴露下容易(liable)有副作用者。 遇下列状况时，进一步的研究应由注册人提议或是由欧盟化学品管理局根据第 40 条或第 41 条要求实施： －以 28 天或 90 天的研究无法测出最大未观察到有害作用剂量(NOAEL)，除非测不出的原因是无有害毒性效应者； －有特别关注的毒性(例如严重/剧烈的效应)； －现存证据对于其毒理和(或)风险特性是不充分的。在此状况下，或许更适当的方式是进行针对被测试效应的研究而设计的特殊测试(例如：免疫毒性、神经毒性)； －人体暴露的预期途径，用于初期重复剂量研究的暴露途径是不恰当的，且无法进行途径到途径的外推； －暴露相关的特别关注(例如，消费产品的使用导致其暴露程度接近有可能对人体具有毒性的剂量)； －在分子结构和调查物质有明显关联的物质显现出的效应，但无法以 28 天或是 90 天的测试检测出来者
8.7 生殖毒性 8.7.1 筛选其对生殖/发育的毒性时，一物种(经济合作及发展组织 421 或 422)，若自现有结构相关物质的信息，定量的结构-活性关系[(Q)SAR]的估算或是来自体外方法中无证据可证明该物质可能为发育毒性物质	8.7.1 下列状况时，无需开展研究： －物质已知为具有遗传毒性的致癌物质且已实施适当的风险管理措施者； －物质已知为具生殖细胞致突变物质，且已实施适当的风险管理措施； －根据附件 XI 第 3 节，相关人体的暴露已排除者；

标准信息要求	适用例外规定
8.7、生殖毒性 8.7.1 筛选其对生殖/发育的毒性时,一物种(经济合作及发展组织421或422),若自现有结构相关物质的信息,定量的结构-活性关系[(Q)SAR]的估算或是来自体外方法中无证据可证明该物质可能为发育毒性物质	一已有出生前发育毒性研究(附件Ⅸ,第8.7.2章节)或是两代生殖毒性研究(附件Ⅸ,第8.7.3章节)结果可取得者。如物质符合分类1或分类2的R60标准已知具有生殖力的有害作用,且现有资料足够支持健全的风险评估者,则无需进一步生殖力的检验。但是仍需考虑发育毒性的研究。 若物质符合分类1或分类2的R61标准已知会导致发育毒性,且现有资料足够支持健全的风险评估者,则无需进一步发育毒性的检验。但是仍需考虑生殖力效应的研究。当对于生殖力或是发育的潜在有害效应有严重疑虑,注册人可能需提议实施出生前发育毒性研究(附件Ⅸ,第8.7.2章节)或是两代生殖毒性研究(附件Ⅸ,第8.7.3章节),而非筛选调查
8.8 毒代动力学 8.8.1 物质毒代动力学行为的研究某种程度上可从相关现有信息评估获得	

9. 生态毒理学信息

标准信息要求	适用例外规定
9.1.3 鱼类短期毒性研究;注册人可考虑以长期毒性研究取代短期毒性研究	9.1.3 下列状况时,无需开展研究: 一有限制因素显示水生生物毒性不会发生时,例如如果物质属于高度不溶于水,或是物质不可能会穿透生物薄膜者; 一已有长期的鱼类毒性研究结果可取得。 若根据附录一的化学安全评估指出需要进一步调查水生生物的效应时,附件Ⅸ描述的长期水生生物毒性研究应纳入考虑。根据化学安全评估的结果选定适当的检验方法。若物质为弱水溶性时,对鱼类的长期水生动物毒性研究(附件Ⅸ,第9.1.6章节)应纳入考虑
9.1.4 活性污泥呼吸抑制检验	9.1.4 下列状况时,无需开展研究: 一未对污水处理厂排放时; 一具限制因素使微生物毒性不太可能会发生,例如物质为高度不溶于水时; 一物质证实可由生物分解,且调查出的浓度可在污水处理厂预期的处理浓度范围内时。 如果现有资料显示物质可能是微生物生长或是功能的抑制剂者,尤其是硝化细菌,本调查可以用硝化作用抑制检验取代
9.2 降解	9.2 若根据附录一的化学安全评估指出需要进一步研究物质的降解时,应考虑进一步的降解试验。根据化学安全评估的结果选定适当的测试方法
9.2.2 非生物降解(Abiotic) 9.2.2.1 水解[酸碱值(pH)作用]	9.2.2.1 下列状况时,无需开展研究: 一物质容易被生物降解; 一物质高度不溶于水
9.3 环境中的命运和行为 9.3.1 吸附/解吸附筛选	9.3.1 下列状况时,无需开展研究: 一根据物理化学性质,预期物质具低吸附潜力(例如,物质具低的正辛醇/水分配系数); 一物质和其相关降解产物可迅速分解者

附件Ⅸ　每年制造和进口量为100吨(含)以上的物质的标准信息要求

　　在本附件的等级中,注册人必须提出依照第12条(1)(d)款规定能够满足本附件的信息要求的提议和时间表。

本附件栏位1建立每年制造和进口量为100吨或以上的物质的标准信息要求［根据本法规第12条（1）（d）款规定］。所以，本附件栏位1内规定的信息，为附件Ⅶ和附件Ⅷ栏位1的额外规定。另应提供任何其他可取得的相关物理化学、毒理和生态毒理的信息。本附件栏位2列出可以省略、以其他信息替代、在后面阶段提供或是采用其他方式的规则。如果满足本附件栏位2允许改写的条件，注册人应在注册卷宗的适当标题下清楚说明事实和提议改动的原因。

除这些特别规定外，注册人或许可根据附件Ⅺ内的一般规定，改写本附件栏位1的标准信息要求规范。在此情形下，注册人应参照附件Ⅺ栏位2内的特别规定，在注册卷宗的适当标题内清楚说明改写标准信息的原因。

注：1. 本附件适用于根据第7条规定应注册的成品制造者以及依据本法应开展试验的下游使用者。

2. 委员会法律对于列于第13(3)条款中无需特殊检验的适当检验方法制定的检验条件不再重复叙述于栏位2中，但同样适用。

在实施新检验以测定本附件所列的性质前，应先评估所有可取得的体外试验资料、体内试验资料、人体历史资料、（Q）SARs资料以及来自结构相关物质的资料（read-across approach）。浓度/剂量会引起腐蚀的腐蚀性物质的体外检验应予避免。测试前，除本附件外应咨询更多的检验策略指南。

对特定节点（endpoint），当因其他有别于本附件栏位2或是附件Ⅺ所规定原因而提议不提供信息时，应清楚说明其原因。

7. 物质的物理化学性质信息

标准信息要求	适用例外规定
7.15 在有机溶剂内的稳定性和相关降解产物的辨识，仅当物质的稳定性为关键要素时才需要	7.15 若物质为无机物时，无需开展研究
7.16 解离常数	7.16 下列状况时，无需开展研究： 一物质为水解性不稳定者(半衰期在12h以内)或是在水中易氧化者； 一科学上无法开展研究，例如当分析方法不够灵敏时
7.17 黏度	

8. 毒理信息

标准信息要求	适用例外规定
	8.4 如附件Ⅶ或附件Ⅷ内的任何体外遗传毒性调查呈阳性反应，且无体内研究资料可取得者，注册人应提议进行体内体细胞遗传毒性研究。若可取得的体内体细胞研究呈阳性反应，则需根据现有可取得资料(包括毒性动力学证据)考虑其潜在的生殖细胞诱变可能性。若相关的生殖细胞诱变无清楚的结论，应考虑进行额外的研究调查
8.6 重复剂量毒性(Repeated dose toxicity) 8.6.1 短期重复剂量毒性调查（28天），一个物种，雄性和雌性，最可能的接触途径，被视为人体暴露的最可能途径（除非已提供作为附件Ⅷ要求的一部分，或是已根据本附录第8.6.2章节提出检验提案）。在此状况下，附件Ⅺ第3节应不适用	

标准信息要求	适用例外规定
8.6.2　亚慢性毒性(sub-chronic toxicity)研究(90天),一个物种,雄性和雌性,最可能的接触途径,被视为人体暴露的最可能途径	8.6.2　在下列状况下,无需进行亚慢性毒性(sub-chronic toxicity)研究(90天): —已有可靠的短期毒性研究(28天)结果,(根据分类物质为 R48 的标准)显示剧烈的毒性效应;根据 NOAEL-28days(最大未观察到有害作用剂量 28 天)的观察结果加上适当的不确定因素,允许以外推法求得在相同暴露途径下 NOAEL-90days(最大未观察到有害作用剂量 90 天)的结果; —已有可靠的慢性毒性研究(假设有适当物种和接触途径); —物质会进行立即的分解(disintegration)和有足够的分解产物(cleavage products)信息(系统效应和摄取点效应); —物质不具反应性、不溶解性和非吸入性,经 28 天的"有限测试(limit test)"后无具体证据显示其吸收,特别是如此模式是与有限的人体暴露相结合。 应根据下列原则,选定适当的途径: 在下列状况下,实施皮肤途径研究是适当的: (1)生产和(或)使用时可能会和皮肤接触;且 (2)物理化学和毒理性质显示有明显的经皮肤吸收速率;且 (3)符合下列情况之一时: —在以较口服毒性研究剂量低的剂量进行急性皮肤毒性研究中,观察到对皮肤有毒性者;或在皮肤和(或)眼睛刺激调查中观察到的系统效应或其他的吸收证据者; —体外检验指出具明显皮肤吸收者; —结构相关物质已认定有明显的皮肤毒性或皮肤穿透性者。如有下列状况,实施吸入途径检验是适当的: —经吸入途径的人体暴露是具可能性的[考虑物质的蒸气压力和(或)暴露于烟雾的可能性、可吸入的微粒或是液滴] 如有下列状况时,根据第 40 条和第 41 条条款规定,进一步的研究调查应由注册人提议或是欧盟化学品管理局要求进行: —以 90 天的研究无法测出最大未观察到有害作用剂量(NOAEL),除非测不出的原因是无有害毒性效应者; —有特别关注的毒性(例如严重/剧烈的效应)者; —现存证据对于其毒理和(或)风险特性是不充分的效应的表示。在此状况下,或许更适当的方式是进行针对被测试效应的调查而设计的特殊测试(例如:免疫毒性,神经毒性); —对暴露的特别关注者(例如,使用于消费产品中导致人体的暴露程度接近预期可能对人体有毒性的剂量)
8.7　生殖毒性	8.7　如有下列状况,研究无需进行: —物质已知为具有遗传毒性的致癌物质且已实施适当的风险管理措施者; —物质已知为具生殖细胞致突变物质,且已实施适当的风险管理措施者; —属于低毒理活性的物质(在现有的检验结果中未看到毒性的证据),可由毒代动力学的资料证明经由相关的暴露途径未发生系统性的吸收[例如血浆/血液浓度低于检测极限(使用灵敏方法),以及尿液、胆汁或呼气中无该物质及该物质的代谢物]以及没有或无明显的人体暴露。 —如一物质符合分类 1 或分类 2 的分类标准(R60),已知具有对生殖力的不良作用,且有足够完善的风险评估资料,则无进一步生殖力检验的必要。但是仍需考虑发育毒性(development toxicity)的研究。 —若物质符合分类 1 或分类 2 的分类标准(R61),已知会导致发育毒性,且现有资料足够完善的风险评估,则无需进一步发育毒性的研究。但是仍需考虑生殖力影响的研究

标准信息要求	适用例外规定
8.7.2 出生前发育毒性调查,单一物种,最可能的接触途径,被视为人体暴露的最可能途径[正如在条款 13(3)或是经济合作及发展组织 414 条款中规定的委员会规章 B.31 检验方法]	8.7.2 此研究应起先采用单一物种。关于是否需要再对下一物种在此等级或下一等级进行研究,应依据第一个检验结果以及所有其他可取得的相关资料而定
8.7.3 两代生殖毒性研究,单一物种,雄性和雌性,最可能的接触途径,被视为人体暴露的最可能途径(若 28 天或 90 天的调查指出对生殖器官或组织具有危害性)	8.7.3 此研究应起先采用单一物种。关于是否需要再对下一物种或下一等级进行调查,应依据第一个检验结果以及所有其他可取得的相关资料而定

9. 生态毒理信息

标准信息要求	适用例外规定
9.1 水生生物毒性 9.1.5 对无脊椎动物实施的长期毒性研究(最好采用水蚤物种)(除非已提供作为附件Ⅷ的部分要求) 9.1.6 对鱼类实施长期毒性研究(除非已提供作为附件Ⅷ的部分要求) 此信息应提供 9.1.6.1、9.1.6.2 或是其中的一。 9.1.6.1 鱼类早期生命阶段(FELS)毒性研究 9.1.6.2 幼鱼和成鱼阶段的鱼类短期毒性研究 9.1.6.3 鱼类、幼鱼生长试验	9.1 注册人应提议进行长期毒性研究(若根据附录一的化学安全评估显示需要进一步调查对水生生物的效应)。适当检验的选择依化学安全评估结果而定
9.2 降解(degradation) 9.2.1 生物降解(Biotic) 9.2.1.2 地表水中最终(ultimate)降解的模拟检验 9.2.1.3 土壤模拟检验(适用于极有可能被土壤吸附的物质) 9.2.1.4 沉积物模拟测试(适用于极有可能被沉积物吸附的物质)	9.2 进一步的生物性降解检验应由注册人提议,若是根据附录一规定的化学安全评估显示需要进一步的物质降解或是降解产物的研究时。合适试验的选定是根据化学安全评估结果,可能包括适当的介质模拟试验(simulation testing in appropriate media)(例如,水、沉积物或土壤)。 9.2.1.2 下列状况时,无需开展研究: —物质高度不溶于水; —物质具高度生物降解性 9.2.1.3 下列状况时,无需开展研究: —物质具高度生物降解性; —不太可能会直接或间接地暴露于土壤者 9.2.1.4 下列状况时,无需开展研究: —物质具高度生物降解性; —不太可能会直接或间接地暴露于沉积物中
9.2.3 降解产物辨识	9.2.3 除非物质具高度生物降解性,否则应开展研究
9.3 环境中的命运和行为 9.3.2 水生物种的生物积累(bioaccumulation),最好是鱼类 9.3.3 与附件Ⅷ要求的调查结果有关吸附/解吸附的进一步信息	9.3.2 下列状况时,无需开展研究: —物质具低生物蓄积性(例如 $\lg K_{ow} < 3$)和/或低生物膜穿透能力者; —不太可能会对水层直接或是间接暴露者 9.3.3 下列状况时,无需开展研究: —根据物理化学特性,物质可预期具低吸收特性(例,物质具有低正辛醇/水分配系数); —物质和其降解产物具快速分解性

标准信息要求	适用例外规定
9.4 对陆生生物的影响 9.4.1 对无脊椎动物的短期毒性 9.4.2 对土壤微生物的影响 9.4.3 对植物的短期毒性	9.4 若直接或间接的土壤暴露不太可能发生时,无需开展研究 无土壤生物的毒理信息时,或许可使用平衡分配方法评估对土壤生物的危害。适当试验的选择是根据化学安全评估的结果。 特别是对于具有很大的被土壤吸收的潜在可能性的物质或是其为持久性者,注册人应考量以长期的毒性研究取代短期的研究

10. 检测和分析的方法对某一调查研究已施行的分析方法应依要求提供说明与描述。若无可用的分析方法,应予以论证。

附件X 每年制造和进口量为 1000 吨 (含) 以上的物质的标准信息要求

在本附录的等级中,注册人必须提出根据第 12 条（1）（e）款能够满足本附件的信息要求的提议和时程表。 本附件栏位 1 建立每年制造和进口量为 1000 吨或以上的物质的标准信息要求［根据本法第 12 条（1）（e）款规定］。 所以,本附件栏位 1 内规定的信息,为附件Ⅶ、附件Ⅷ和附件Ⅸ栏位 1 的额外规定。 另应提供任何其他现有的物理化学、毒理学和生态毒理学的信息。 本附件栏位 2 列出可以省略、以其他信息替代、在后面阶段提供或是采用其他方式的规则。 若符合本附件栏位 2 允许改动的条件,注册人应在注册卷宗的适当标题下清楚说明事实和改动的原因。

除这些特别规定外,注册人或许可根据附件Ⅺ内的一般规定,改写本附件栏位 1 的标准信息要求规范。 在此情形下,注册人应参照附件Ⅺ栏位 2 内的特别规定,在注册卷宗的适当标题内清楚说明改写标准信息的原因。

注：1. 本附件适用于根据第 7 条规定应登记的成品制造者以及依据本法应开展试验的下游使用者。

2. 委员会法律对于列于条款 13(3)中无需特殊检验的适当检验方法制定的检验条件不再重复叙述于栏位 2 中,但同样适用。

在实施新检验以测定本附件所列的性质前,应先评估所有可取得的体外试验资料、体内试验资料、人体历史资料、（Q）SARs 资料以及来自结构相关物质的资料（read-across approach）。 浓度/剂量会引起腐蚀的腐蚀性物质的体外试验应予避免。 试验前,除本附件外应咨询更多的检验策略指南。

对特定节点（endpoint）,当其他有别于本附件栏位 2 或是附件Ⅺ所规定原因而提议不提供信息时,应清楚说明其原因。

8. 毒理学信息

标准信息要求	适用例外规定
8.4 致突变性	8.4 如附件Ⅶ或附录 8 的任何遗传毒性体外研究呈阳性反应,则或需进行第二次的体内体细胞检验,视其所有可取得资料的质量和相关性而决定 若已有呈阳性反应的体内体细胞研究结果可取得,则需根据现有可取得资料(包括毒代动力学证据),考虑其潜在的生殖细胞诱变可能性。若生殖细胞诱变无清楚的结论,考虑进行额外的研究调查
8.6 重复剂量毒性(Repeated dose toxicity)	8.6.3 如果人体暴露的频率和持续显示更长期的调查是适当的(appropriate),且符合下面条件的之一者,应根据第 40 条和第 41 条规定,由注册人提议或是欧盟化学品管理局要求进行长期重复的毒性调查研究(≥12 个):

标准信息要求	适用例外规定
8.6　重复剂量毒性(Repeated dose toxicity)	—于28天或90天研究中观察到严重或剧烈的毒性效应者;现有证据不足以进行毒理评估或风险特性描述; —与其他物质具有清楚分子结构关系的物质所呈现的效应,无法在28天或90天的研究调查中检测到; —物质具有无法以90天研究调查检测出的危险性质。 　8.6.4　具备下列状况时,进一步的研究调查应该根据第40条或第41条由注册人提议或是由欧盟化学品管理局要求进行: —特别关注的毒性(例如严重/剧烈的效应); —可取得的证据不足以完成某一效应的毒理评估和(或)风险特性的识别。对此类状况,或许更为适当的是实施针对这些效应而设计的特殊毒理研究(例如免疫毒性,神经毒性); —有关暴露的特别关注(例如,使用于消费者产品会导致暴露程度接近毒性可观察到的剂量)
8.7　生殖毒性 　8.7.2　发育毒性研究,单一物种,最可能的接触途径,被视为人体暴露的最可能途径(经济合作及发展组织第414条的规定)。 　8.7.3　两代生殖毒性研究,单一物种,雄性和雌性,最可能的接触途径,被视为人体暴露的最可能途径,除非已提供作为附件Ⅸ要求的一部分	8.7　如有下列状况,研究无需进行: —物质已知为具有遗传毒性的致癌物质且已实施适当的风险管理措施者; —物质已知为具生殖细胞致突变物质,且已实施适当的风险管理措施者; —属于低毒理活性的物质(在现有的检验结果中未看到毒性的证据),可由毒代动力学的资料证明经由相关的暴露途径未发生系统性的吸收[例如血浆/血液浓度低于检测极限(使用灵敏方法),以及尿液、胆汁或呼气中无该物质及该物质的代谢物]以及没有或无明显的人体暴露。 —如一物质符合分类1或分类2的分类标准(R60),已知具有对生殖力的不良作用,且有足够完善的风险评估资料,则无进一步生殖力检验的必要。但是仍需考虑发育毒性(development toxicity)的研究。 —若物质符合分类1或分类2的分类标准(R61),已知会导致发育毒性,且有足够完善的风险评估资料,则无需进一步发育毒性的研究。但是仍需考虑生殖力影响的研究
8.9.1　致癌性研究	8.9.1　根据第40条或第41条条款,遇下列状况时注册人需提议或欧盟化学品管理局需要求实施致癌性研究: —物质被广泛且分散地使用,或是有证据证明经常或长期的人体暴露;以及 —物质被分类为第三类致突变物质,或有反复剂量研究的证据显示此物质会诱发细胞增生和/或早期瘤变证据。 　若物质已被分类为具第1类或第2类致突变物,则其基本假设应视为可能具有致癌性的遗传毒性机制。在此情形下,一般无需再作致癌性的研究

9. 生态毒理学信息

标准信息要求	适用例外规定
9.2　降解(Degradation) 　9.2.1　生物降解(Biotic)	9.2　若根据附录一规定的化学安全评估显示需要进一步的物质降解或是降解产物的研究,应提议进行进一步的生物性降解试验。适当检验的选定是根据化学安全评估结果,或考虑适当的介质模拟检验(simulation testing in appropriate media)(例如,水、沉积物或土壤)
9.3　在环境中的命运和行为 　9.3.4　物质和/或降解产物的环境命运和行为的进一步信息	9.3.4　如果附录一规定的化学安全评估显示有必要实施进一步的物质命运和行为研究时,根据第40条或第41条条款,进一步的试验应由注册人提议或者欧盟化学品管理局的要求实施

标准信息要求	适用例外规定
9.4 对陆生生物的影响 9.4.4 对无脊椎动物的长期毒性研究（除非已提供作为附件Ⅸ要求的部分信息） 9.4.6 对植物的长期毒性研究（除非已提供作为附件Ⅸ要求的部分信息）	9.4 如果附录一规定的化学安全评估显示有必要实施进一步物质和/或降解产物对陆生生物的影响研究时，长期毒性研究应由注册人提议或者欧盟化学品管理局的要求实施。适当试验的选定是依据化学安全评估的结果。 若物质不太可能会直接或间接地暴露于土壤时，无需开展研究
9.5.1 沉淀有机物的长期毒性	9.5.1 如果化学安全评估结果显示有必要实施进一步物质和/或降解产物对沉淀有机物的效应研究时，长期毒性研究应由注册人提议或者欧盟化学品管理局的要求实施。适当试验的选定是依据化学安全评估的结果
9.6.1 鸟类长期或生殖毒性	9.6.1 任何开展试验的需求应充分考虑经可取得的本吨位级相关大型哺乳类动物的数据

10. 检测和分析的方法
常可取得的本吨位级相关大型哺乳类动物资料组。对某一调查研究已施行的分析方法应依要求提供说明与描述。若无可用的分析方法，应予以论证

附件 Ⅺ 附件 Ⅶ 到附件 X 所定标准检验规范修改通则

附件Ⅶ到附件X规范制造或是进口物质的信息要求，其数量如下：

－第 12 条（1）（a）所定 1 吨或以上的物质，

－第 12 条（1）（c）所定 10 吨或以上的物质，

－第 12 条（1）（d）所定 100 吨或以上的物质，

－第 12 条（1）（e）所定 1000 吨或以上的物质。

除附件Ⅶ到附件X内栏位 2 中设定的特定规则外，注册人或许亦可依照本附件第一节内所定通则修改标准检验规范。

在卷宗评估，欧盟化学品管理局可以评估这些标准检验规范的修改处。

1 无科学必要性的检验

1.1 现有资料的使用

1.1.1 物理化学性质资料［不是根据优良实验室规范（GLP）的实验或是参照第 13 条（3）项的检验方法获得］若符合下列情形，此类信息视为和依照第 13 条（3）项相关的检验方法获得的资料相同：

① 供分类、标示和（或）风险评估使用；

② 已有足够的文件供评估此调查的适当性；

③ 对于调查的节点（endpoint），资料是有效的，且本调查使用可接受水平的品质保证调查。

1.1.2 人体健康和环境性质信息［不是根据优良实验室规范（GLP）的实验或是参照第 13 条（3）项的检验方法获得］若符合下列情形，此类信息应视为和参照条款第 13 条（3）项相应的试验方法获得的资料相同：

① 用于分类、标示和/或风险评估使用；

② 适当的且可信赖的关键参数涵盖范围，其关键参数可预见将被依照条款第 13 条（3）项的相关检验方法调查；

③ 若暴露时间是一相关参数，则其暴露期间与参照条款第13条（3）项对应的测试方法的时间一样或是更长；

④ 已提供足够和可靠的文献。

1.1.3 人体历史资料

人体历史资料，例如暴露人群的传染病学调查、意外灾害或是职业暴露资料和临床调查等皆应纳入。

特殊人体健康效应的资料强度取决于分析的类型、涵盖的参数范围、反应的量级和具体性，以及接着而来的效应的可预测性。此资料的适当性评估标准包括：

① 适当的暴露实验组和对照组的选择和特性描述；

② 足够的暴露特性描述；

③ 疾病发生后足够的追踪时间；

④ 观察效应的有效方法；

⑤ 对偏差和混淆的因素恰当考虑；

⑥ 合理的可靠的统计数据以证明结论。

任何情况应提供足够及可靠的文件资料。

1.2 证据权重

数个独立信息来源的充分证据或可归纳出该物质是否有特殊的危险性质的假设/结论，尽管每一个独立来源的信息单独都被视为不足以支持此见解（notion）。

采用新发展出的检验方法或许会有足够的证据权重可归纳出一物质是否具有特殊危险性质。虽然此新发展出的检验方法尚未纳入第13条（3）项中参照的检验方法或是经委员会或欧盟化学品管理局认可的视为相等（equivalent）的国际性的检验方法。若充足的证据权重已足以判定物质是否有特殊危险性质，则该性质的进一步脊椎动物相关检验应予省略，进一步未牵涉脊椎动物的相关检验也可省略。所有情况应提供足够且可靠的文件资料。

1.3 定性或定量的结构-活性关系［（Q）SAR］

有效的定性或定量的结构-活性关系［（Q）SARs］模型所得结果或许可指出是否有确定的危险性质。有下列情形者，可以用定量的结构-活性关系所得结果取代检验：（Q）SAR模型可应用范围内的物质，结果足以供分类、标示和/或风险评估的目的者，以及已提供使用方法的充分及可靠文件资料。

欧盟化学品管理局应和委员会、成员国和利害关系人发展且提供有关符合条件的（Q）SAR的评估指南以及提供范例。

1.4 体外试验方法（in vitro methods）

以适当（suitable）的体外试验方法获得的结果，或许可表明某一危险性质的存在，或是对于了解作用机制（mechanistic understanding）很重要；上述事项可能对物质评估甚为重要。在本文中，"适当（suitable）"指根据国际统一检验发展标准（例如替代方法验证欧洲中心（ECVAM）对进入预评测过程中检验项目的标准）"充分良好发展的（sufficiently well developed）"。根据其潜在的风险性，也许需要针对相应的吨位级进行附录七或附件Ⅷ预见的信息或者是提议在附件Ⅸ或附件Ⅹ中预见的检验要求的立即确认。

如果得自于体外试验方法的结果未表明一确定的危险性质，其相关的试验应仍然依据适当的吨位级进行，以确认其为阴性反应，除非该试验根据附录七到附件Ⅹ或是本目录其他的规则不是要求项目。

若下列条件成立，则此类确认工作或许可免除（waived）：

① 根据国际承认的验证原则，由一有效的研究调查建立的科学有效性的体外试验方法所得结果；

② 试验结果足以供分类、标示和/或风险评估使用；

③ 已提供足够且可靠的文件资料者。

1.5　物质的分组与交叉参照方法（read-across approach）

物理化学、毒理学和生态毒理学性质有可能很相近或是（由于结构相似性而）遵循一规则模式的物质或许可视为一群组（group），或一物质的"类（category）"。群组观念的应用要求物质的物理化学性质、人体健康效应和环境效应或环境命运，或许可从同群组中参考物质的资料，利用内推法到同组其他物质（交叉参照）而进行预测。此法可避免在每个节点（endpoint）测试每个物质。欧盟化学品管理局在和各相关业者及利害关系人会商后，应在阶段性物质（phase-in substance）首次登记截至目前，公布物质分组的技术和科学论证方法的指南。相似度的判定应根据下列原则：

① 相同的官能团；

② 相同的前驱物和/或经由物理和生物过程的共同分解产物的可能性，以产生结构性相似的化学物质；

③ 在类目中能够改变效力的所有性质具有固定模式。

如分组原则适用，物质应根据此标准分类和标示。所有情况的结果应足以供分类和/或风险评估使用，适当和可靠地涵盖符合第13条（3）项制定的对应测试方法的主要参数范围，暴露时间应和第13条（3）项制定的对应检验方法的暴露时间一致或是更长，以及应提供应用方法的充分及可靠的文件资料。

2　技术上不可行的试验

若是因为物质性质，相关研究技术上不可行，对于其特殊节点（endpoint）的检验应省略。例如无法使用的高挥发性、高反应性或不稳定物质，物质与水的混合物可能会造成火灾或爆炸的危险，在某些测试中必须使用但不可行的放射性同位素标记法（radio-labelling）。在第13条（3）项中参照的测试方法的指南，对于特殊方法的技术限制，均应时刻遵守。

3　物质暴露驱动的测试（Substance-tailored exposure-driven testing）

3.1　根据化学安全性报告发展的暴露情景，附件Ⅷ、附件Ⅸ和附件Ⅹ的8.6和8.7章节的测试或许可以省略。

3.2　在所有的案例中应提供足够的论证和文件资料。相关论证应根据附件Ⅰ第5节的暴露评估并与依照第3.3节采行的标准一致，并应根据第31条或第32条条款的规定向整个供应链通报使用的特殊条件。

3.3　委员会应于 2008 年 12 月 1 日前采行措施，以增修本法次要部分（non-essential element）的方式，依照本法第 133 条（4）项规定的程序，补充设定标准，以定义第 3.2 节所规定的相关论证的构成。

参 考 文 献

［1］ 魏传忠主编. 欧盟 REACH 法规实施指南丛书：第一卷　注册指南. 北京：中国标准出版社，2008.07.

［2］ 陈俊水编著. 欧盟 REACH 法规实务解析. 北京：中国计量出版社，2008.07.

［3］ 中国化工经济技术发展中心. 欧盟 REACH 法规解读-REACH 法规对中国石油和化工行业的影响及对策. 北京：化学工业出版社，2008.10.

［4］ 浙江省标准化研究院，台州市质量技术监督检测研究院. 化学品出口欧盟技术性贸易措施应对指南. 北京：中国质检出版社；中国标准出版社，2012.08.

［5］ 常晓东编著. 欧盟新生物杀灭产品法规解读. 北京：中国质检出版社；中国标准出版社，2014.03.

［6］ 李杨等. 欧盟 REACH 法规的影响及其应对措施. 检验检疫科学，2007，(1-2)：

［7］ 吕威龙. REACH 法规对我国化工行业的影响及应对措施. 兰州大学硕士论文，2008.05.

［8］ 何晓文. 技术性贸易壁垒和 REACH 法规对中国化学品贸易的影响与对策研究. 复旦大学硕士论文，2008.04.